लाल बहादुर शास्त्री

लाल बहादुर शास्त्री

(सिने-पटकथा)

कमलेश्वर

राजपाल

स्थापित 1912
100 वर्षों की श्रेष्ठ प्रकाशन परम्परा
राजपाल

ISBN : 9788170286998

LAL BAHADUR SHASTRI (Film Script)
by Kamleshwar

राजपाल एण्ड सन्ज़
1590, मदरसा रोड, कश्मीरी गेट, दिल्ली-110006
फोन : 011-23869812, 23865483, 23867791
website : www.rajpalpublishing.com
e-mail : sales@rajpalpublishing.com
www.facebook.com/rajpaland sons

दो शब्द

पटकथा लेखन एक विशिष्ट विधा है, जिसमें शब्दों की भूमिका पढ़े जाने के बजाय देखने की होती है। मीडिया का क्षेत्र व्यापक होने और विजुअल मीडिया की गतिविधियाँ हमारे यहाँ तेज होने के बाद पटकथा-लेखन एक प्रमुख विधा के रूप में सामने आया और जिन लेखकों ने इस दिशा में पहल की, उनमें प्रख्यात साहित्यकार, अनेक सफल फिल्मों, लोकप्रिय धारावाहिकों के पटकथा लेखक व मीडिया विशेषज्ञ कमलेश्वर जी का नाम अग्रणी है। उन्होंने लोकप्रियता अर्जित कर चुके धारावाहिकों व टेली-फिल्मों की स्व-लिखित पटकथाएँ प्रकाशित करने की योजना बनाई थी। देश के प्रसिद्ध स्वाधीनता सेनानी और प्रधानमंत्री लालबहादुर शास्त्री के जीवन और कार्यों पर आधारित कमलेश्वर जी की यह पटकथा उसी योजना की नवीनतम प्रस्तुति है। आधुनिक युग के सुपरिचित महापुरुषों के जीवन को फिल्म में रूपांतरित करना और उसकी पटकथा तैयार करना खासा चुनौती-भरा काम होता है। उपन्यास-कहानियों जैसी आजादी वहाँ नहीं ली जा सकती है। इस दृष्टि से शास्त्री जी के जीवन पर आधारित कमलेश्वर जी की यह पटकथा नवोदित पटकथा-लेखकों को अलग तरह से प्रशिक्षित करेगी।

लाल बहादुर शास्त्री

सीन–1

ताशकन्द घोषणा पत्र पर दस्तखत हो रहे हैं।
(आर्काइवल फुटेज)

वी. ओ. : 10 जनवरी 1966! अहम दिन और ऐतिहासिक तारीख! पाकिस्तान के नापाक इरादों को हिमालय की बर्फ और थार के रेगिस्तान में दफनाने वाले इस शख्स ने सोवियत संघ की पहल पर एक ऐतिहासिक करारनामे पर अपनी मुहर लगा दी। इसकी चर्चा पूरी दुनिया में फैल चुकी थी। सच मानें तो दुनियाभर के देश अचम्भित नजरों से देख रहे थे। इस अजीम शख्सियत–भारत के प्रधानमन्त्री लाल बहादुर शास्त्री को! इस सामान्य कद-काठी और दुबली काया वाली शख्सियत में साहस का अटूट माद्दा किस कदर भरा था। इन्होंने देश की बागडोर सँभालने में जिस समझदारी और दूरंदेशी वाली सूझ-बूझ का परिचय दिया, वह ऐतिहासिक है। शास्त्री जी ने अपने जिन फौलादी इरादों से पाकिस्तान को करारी शिकस्त दी वह पाकिस्तान के लिए कभी न भूलने वाला एक सबक है।

पार्श्व में 'लालबहादुर शास्त्री की जय' के जयकारों की गूँज।
'लाल बहादुर शास्त्री जिन्दाबाद!'
'जिन्दाबाद.....'
'जिन्दाबाद....'
'इन्कलाब जिन्दाबाद!'
'भारत माता की जय!'

इंटरकट/

विश्राम गृह का दृश्य।

शास्त्रीजी प्रवेश करते हैं। कुर्सी पर बैठते हैं। शान्त संगीत। कैमरा पर्सनाल्टी पर जूम करता हुआ चेहरे को फोकस करता है।

चेहरे पर शान्ति का भाव।

कैमरा/वाइड-दरवाज़े पर–

सेवक हाथ में ट्रे लेकर प्रवेश करता है और शास्त्री जी के सामने टेबुल पर रखकर चला जाता है। ट्रे में भोजन होता है, जोकि ढँककर रखा होता है। शास्त्री जी इससे बेखबर हैं। वे यादों में खोए हैं। दूर देखता हुआ उनका लुक। शान्त संगीत जारी है–

शास्त्री जी को अपने गाँव की याद आती है। फुटेज–गाँव और गलियाँ)

बैकग्राउंड में गीत बजता है।

'झीनी झीनी बीनी चदरिया......'
(ले आउट लगभग 4-5 सैकेंड्स) कट

वी. ओ. : कबीर का यह निर्गुन शास्त्री जी अक्सर गुनगुनाया करते थे.....प्रधानमन्त्री शास्त्री जी अपने कपड़े बदलकर सोने की तैयारी में थे। दुनिया के सबसे बड़े लोकतन्त्र के इस प्रधानमन्त्री की सादगीभरी जिन्दगी बेमिसाल थी! इतनी ऊँचाइयों पर पहुँचने के बावजूद, उनके दिलो-दिमाग़ में इन्हीं लमहों के साथ उभर रही थीं, कुछ धुँधली सी यादें....अपने घर-गाँव की—

सीन—2

फ्लैश बैक

गाना : वन्दे मातरम्

एक पुराने भीड़ भरे कस्बे का दृश्य। साधु हाथ में तिरंगा लिए अपने बच्चे के साथ गली में भिक्षाटन पर निकला है। साधु के बच्चे की आवाज सुरीली है और वो वन्दे मातरम गा रहा है। भीख माँगने का उसका एक खास अन्दाज़ है। लोग अपने आँगनों और बरामदों में बैठे हैं। तभी अचानक एक लड़का दोनों हाथों से पानी भरा घड़ा उठाए एक घर में दाखिल होता है.....घड़े को रखता है और दौड़कर उस बच्चे का गाना सुनने के लिए पलटता है।

रहवासी–1 : राम राम साधु महाराज!
साधु : राम राम!
रहवासी-2 : सब भला चंगा तो है न साधू बाबा!
साधु : बस ऊपरवाले की दया समझो।

(पार्श्व में साधु के बच्चे का वन्दे मातरम् गायन जारी है)

इंटरकट–1

वही घड़े वाला बालक लाल बहादुर आगे बढ़ता है और आकर साधु के पास खड़ा हो जाता है।

लाल बहादुर : *(साधु के बेटे से)* भीखू भैया, भीखू भैया, मुझे भी ये गाना सिखा दोगे।

भीखू : हाँ-हाँ क्यों नहीं।

(साधु का गर्व और खुशी का रिएक्शन)

तभी कन्धे पर स्कूल बैग लिए एक छोटी लड़की वहाँ आती है, उसका नाम फातिमा है।

फातिमा : अरे......मुझे ये गाना आता है। मैं तो भीखू भैया से ये पहले ही सीख चुकी हूँ।

बालक लाल बहादुर का रिएक्शन।

साधु का गर्व और खुशी भरा रिएक्शन।

लड़की 'वन्दे मातरम् वन्दे मातरम्' गाती हुई फ्रेम से बाहर जाती है।

भीखू : मैंने फातिमा को सिखाया था...तुम्हें भी सिखा दूँगा।

(भीखू गाना शुरू करता है–बालक लाल बहादुर भी बुदबुदाते हुए उसके साथ-साथ स्वर में स्वर मिलाता है। साधु का गर्व और खुशी भरा रिएक्शन।)

कट।

सीन—3

वही भीड़ भरा पुराना कस्बा। घोड़े पर सवार दो पुलिस वाले आते दिखाई देते हैं। इनमें एक गोरा सिपाही है और दूसरा बड़ी-बड़ी मूछों वाला साफ़ा बाँधे एक अक्खड़ हिन्दुस्तानी सिपाही। हिन्दुस्तानी सिपाही अपने गोरे अफसर को खुश करने की हड़बड़ी में दिखाई देता है। जैसे ही ये पुलिस वाले आते दिखाई देते हैं, दूर से ही लोग अपने-अपने काम रोककर सहम जाते हैं। सिपाहियों का खौफ़ लोगों में एक दहशत भर देता है। गली के मोड़ से तभी वही मासूम बच्ची फातिमा वन्दे मातरम् गाती हुई फ्रेम में आती दिखाई देती है। दोनों घुड़सवार ठिठक जाते हैं।

गोरा सिपाही : *(गोरा सिपाही हिन्दुस्तानी सिपाही से–)* ये लड़की क्या गा रहा है?

हि. सिपाही : ये बंदे मातरम् गा रही है सर! इन हिंदुस्तानियों का गाना है हुजूर!

गोरा सिपाही : खामोश!

गोरा सिपाही लड़की की तरफ नफ़रत और गुस्से से देखता है। हिन्दुस्तानी सिपाही बड़ी तेजी से घोड़े से नीचे उतरता है और लड़की के मुँह पर जोर का थप्पड़ मारता है। लड़की लड़खड़ाकर गिर जाती है। तभी बालक लाल बहादुर दौड़ता हुआ आ कर उसे उठाता है। लड़की

बालक की आड़ लेती है। बालक दरोगा की तरफ जिस नफरत से देखता है, उससे दरोगा के आत्मसम्मान को ठेस पहुँचती है। गुस्से में आकर दरोगा लड़के पर ताबड़तोड़ थप्पड़ बरसाना शुरू करता है।

हि. सिपाही : तू ऐसे आँखें तरेरकर क्या देखता है! *(उसे मारते हुए)* आँख निकाल लूँगा.....

लेकिन लड़का चूँ तक नहीं करता। घोड़े पर सवार दोनों पुलिस वाले मुड़ते हैं।

गोरा सिपाही : हिन्दुस्तानी बच्चे भी बड़े ईडियट होते हैं।

दोनों वापस हो जाते हैं।

लड़के के होंठों से खून निकल रहा है। कस्बे के सभी लोग हक्का-बक्का हैं।

इंटरकट–1

रहवासी–1 : कितने निर्दयी हैं ये गोरे लोग।

रहवासी–2 : बच्चों का देशप्रेम भी इन्हें बर्दाश्त नहीं।

रहवासी–3 : न जाने कब आजाद होगा अपना देश।

रहवासी–4 : *(गहरी साँस लेकर)* कब लेंगे हम चैन की साँस।

बालक लाल बहादुर के कानों में ये बातें पड़ रही हैं। वो लोगों का आक्रोश देखता है। लड़की बालक के होंठों से बहते खून को देखकर रोने लगती है। वो लड़के को खींचते हुए अपने घर ले जाती है।

इंटरकट–2

फातिमा की माँ बालक लाल बहादुर के खून को साफ़ कर रही है। जब महिला लाल बहादुर के ज़ख़्म पर हाथ लगाती है तो उधर फातिमा चिहुंक उठती है।

महिला का चकित रिएक्शन

वह आजमाने के लिए एक बार फिर ज़ख़्म पर हाथ लगाती है। लड़की फिर चिहुंकती है। महिला का चकित रिएक्शन पहले से ज्यादा!

महिला : *(बुदबुदाती सी)* चोट लगी लाल बहादुर को और रो रही है फातिमा, अब तो मुल्क आजाद होकर रहेगा।

कट।

तभी जबरदस्त संगीत के साथ टाइटिल आता है–

लाल बहादुर शास्त्री

एंकर :

'रहिमन हीरा कब कहे लाख टका मोर मोल।'

लाल बहादुर शास्त्री भी मानो हीरे का टुकड़ा थे, उन्होंने अपने बारे में कहीं कुछ नहीं लिखा। उनके बारे में कुछ यादें, कुछ किस्से कहानियाँ और उनकी बेमिसाल खूबियों की दास्तानें देशभर में किंवदंतियों की तरह प्रचलित हैं। जैसे कि आल्हा-उदल के किस्से या फिर लोक-विरसे और हमारे लोक-नायकों की कहानियाँ! ऐसे लोग, जिनकी शख्सियत दन्त कथाओं के बड़े नामों की गहराई हासिल कर लेती है, वो बाज दफ़ा केवल अपना नामभर नहीं, बल्कि हर दिशा में अपने निशान छोड़ जाते हैं।

इसलिए उनके बारे में जो थोड़ा-बहुत लिखा गया या फिर उनके पारिवारिक सदस्यों की अन्तरंग यादें और जो कुछ बातें उनके जीवित साथियों ने हमें बताईं, उन्हीं जानकारियों को पिरोने से उनके जीवन की एक गैर-मुकम्मिल-सी तस्वीर बनती है। गैर-मुकम्मिल इसलिए कि उस विराट व्यक्तित्व, देश की जनता के दिलों में मौजूद उनकी छवि और उनकी साहस भरी महान ज़िन्दगी की विचारधारा को फिल्म पर उतारना मुमकिन नहीं है।

सीन—4

(स्वर्गीय श्रीमती ललिता शास्त्री का लिखा एक भजन)
ले लाऽ तुलसी कऽ
बनारस का दशाश्वमेध घाट। जीवन-दायिनी गंगा के किनारे एक भिक्षुणी गा रही है.....वातावरण में एक असीम रहस्य और मुक्ति की प्रेरणाओं से भरी ध्वनियाँ हैं।

2 अक्टूबर, 1904

गलियों में घूमता कैमरा, भक्ति और मुक्ति की कई छवियों को हमारे सामने लाता है। जबकि पार्श्व स्वर उस खास दिन के बारे में बयान करता है।

वी. ओ. : "....ना जाने कहाँ से आ बैठी थी ये बैरन...." ना जाने इतने लोग दशाश्वमेध घाट पर हर रोज कहाँ से आ बैठते हैं.....आवाज में एक दर्द था जो भक्ति की अतल गहराइयों में डूबा हुआ-सा था.....1904 का बनारस। अलग-अलग विचारधाराओं और आध्यात्म का केन्द्र। एक ओर जीवनदायिनी माँ गंगा—अनादि

और अनन्त की सूचक, तो दूसरी तरफ मणिकर्णिका से उठती चिताओं की लपटें—नश्वरता, अन्तिम यात्रा और उसके बाद का अस्तित्व!

मौसम बदल रहा था, फिजाँ करवट ले रही थी, ऐसा लगता था कि गंगा जमुनी संस्कृति के शहर बनारस की धरती पर कुछ ऐतिहासिक और महान युगान्तरकारी घटना होने वाली है।

कट।

सीन–5

अक्टूबर का महीना।

हवा में सर्दी के अहसास का आगमन।
गर्मी से पूरी तरह छुटकारा नहीं।
रात का वक्त। चौकीदार सीटी बजाता पहरा दे रहा है। मुहल्ले में सन्नाटा है लेकिन मास्टर शारदा प्रसाद के निवास पर कुछ लोग मौजूद हैं।

इंटरकट–1

मास्टर शारदा प्रसाद की पत्नी प्रसव पीड़ा से कराह रही हैं। महिलाओं की भीड़ लगी है। सबके चेहरे पर उत्सुकता और तनाव है।

इंअरकट–2

द्वार और बरामदे में मुहल्ले के कुछ लोग और घर के मर्द लोग बैठे हैं। तभी बच्चे के जन्म लेने की तेज आवाज आती है। और

जैसे बच्चे के आने का स्वागत करती चौकीदार की सीटी की आवाज़। मौजूद लोगों का राहतभरा रिएक्शन। अन्दर से तभी दाई वहाँ आती है और कहती है।

दाई : बधाई हो! बेटा हुआ है।
सभी खड़े हो जाते हैं, एक-दूसरे से गले मिलते हैं या बधाई देते हैं।

: बहुत-बहुत मुबारक हो मास्टर जी!—मुबारक हो शारदा प्रसाद जी....मुबारक हो भाई.....

शारदा प्रसाद : *(दाई से)* ये लो तुम्हारी बख़्शीश।
(चाँदी का सिक्का देते हैं)

इंटरकट—3

महिलाओं का शोरगुल। हँसी और किलकारियाँ। बच्चे के रोने की आवाज़।

महिला—1 : बिल्कुल अपनी माँ पर गया है।

महिला—2 : माँ पर जाने वाला लड़का बहुत भाग्यशाली होता है।
(कैप्शन सुपर : 2 अक्टूबर 1905)
महिलाएँ सोहर गाना शुरू कर देती हैं। गीत में बच्चे के आगमन की खुशी है। यहाँ पूर्वी उत्तर प्रदेश में गाया जाने वाला (कोई भी) पारम्परिक सोहर 'आज ललनवा की रात में......मैं मूँगा लुटाती, मैं मोती बरसाती रे'....उभरता है। पार्श्व में गीत जारी है।

इंटरकट–4

मास्टर शारदा प्रसाद अपने पड़ोसियों के साथ।

एक : घर में कुलदीपक आ गया मास्टर जी.....

दो : और क्या......

तीन : कब तक बनारस में कयाम रहेगा मास्टर जी?

शारदा प्रसाद : अब देखिए.....मुदर्रिसी तो करनी ही है....छुट्टी कहाँ मिलती है.....जल्दी ही इलाहाबाद रवाना होना पड़ेगा.....

तीन : अब तो आप यहीं बनारस लौट आओ.......

शारदा प्रसाद : वैसे सोचता तो मैं भी यही हूँ, लेकिन मास्टरी छोड़ूँगा तो घर-गृहस्थी कैसे चलेगी....

इंटरकट–5

औरतों वाला हिस्सा।

कुछ औरतें सोहर गा रही हैं।

तीन-चार पास बैठी औरतें–जच्चाखाने से बाहर आती एक औरत।

एक : जच्चा तो ठीक है न!

अन्दर से आने वाली : बिल्कुल! रामदुलारी बहुत खुश है.....अरे बेटा भी तो बिल्कुल चाँद का टुकड़ा है.....

दो : तो उसका नाम चन्द्रमा प्रसाद रख दो!

पहली : नहीं, मैं तो उसे नन्हें पुकारूँगी....बिलकुल नन्हा सा है.....

तीन : तब तो नन्हें नाम बिल्कुल ठीक है....

सोहर गाती औरतें–

इंटरकट–6

पण्डित बैठे बच्चे की जन्मपत्री बना रहे हैं।
घर के और पड़ोस के पाँच-सात लोग।

पण्डित : जिजमान! बहुत भाग्यवान है आपका पुत्र!.....ग्रह-नक्षत्र बड़े प्रबल हैं.....यह तो निश्चय ही राजयोग का स्वामी होगा।

वी. ओ. : इस तरह की भविष्यवाणियों और अटकलों पर थोड़ी देर के लिए खुश तो हुआ जा सकता था, लेकिन गुलाम भारत की सच्चाइयाँ क्या हैं, सब जानते थे। परिवार इतना गरीब था कि राजयोग तो दूर..... उसकी जिन्दगी में मामूली नौकरी का योग भी बन जाए तो बड़ी बात थी।

इंटरकट–7

घर की बुजुर्ग औरत
वह बच्चे के काजल लगाकर माथे पर दिठौना लगाती है।

बुजुर्ग औरत : *(पर्सपेकिटव में)* बहू, तुम इलाहाबाद जा तो रही हो, पर नन्हें को ठीक से रखना....दिठौना लगाना एक दिन भी मत भूलना।

सीन–5 ए

एक फोटोग्राफर कैमरे पर काला कपड़ा डाले परिवार और बच्चे की फोटो ले रहा है (बढ़ती उम्र का सीक्वेंस)

इंटरकट्स में–

1. माँ रामदुलारी देवी की गोद में छोटा सा नन्हें।
2. माँ और पिता शारदा प्रसाद के साथ एक साल का नन्हें।
3. तैयार होकर जाते हुए मास्टर शारदा प्रसाद।

यहीं एक स्टाइलाइज्ड शॉट में पिता जी मास्टर शारदा प्रसाद के देहान्त की खबर आती है।

वी. ओ. : अभी सोहर की गूँज और बेटे के जनम की खुशियाँ थमी भी नहीं थीं कि मास्टर शारदा प्रसाद का स्वर्गवास हो गया। केवल डेढ़ साल की उमर में लाल बहादुर के सिर से बाप का साया उठ गया।

एंकर :

मास्टर शारदा प्रसाद के पास ऐसा कुछ भी नहीं था, जिससे उनकी विधवा पत्नी श्रीमती रामदुलारी देवी का गुज़ारा होता। ना ज़र, ना ज़मीन,

बे-सर-ओ-सामान। ऐसे में रामदुलारी देवी करतीं भी तो क्या! गोद में दुधमुँहा बच्चा होने के बावजूद उन्होंने कभी किसी के आगे हाथ फैलाना मुनासिब नहीं समझा। यहाँ यह कहना वाजिब होगा कि माँ के इसी संस्कार ने बालक लाल बहादुर को स्वाभिमानी लाल बहादुर शास्त्री बनाया!

कट।

सीन–6

ननिहाल (मुगल सराय)

घर का आँगन। एक बूढ़ा आदमी चौकी पर बैठा है और रामचरितमानस की चौपाइयाँ गुनगुना रहा है। मास्टर शारदा प्रसाद की विधवा रामदुलारी गोद में नन्हें को लिए बूढ़े आदमी के सामने पानी का एक गिलास ला कर रखती हैं। थोड़ी देर खड़ी रहती हैं ताकि बाबू जी पाठ खत्म कर लें। (बूढ़ा आदमी लाल बहादुर के नाना हैं)

नाना : बिटिया, नन्हें को यहाँ बैठा दे मेरे पास।

रामदुलारी नन्हें को नाना जी के पास बैठा देती है।

रामदुलारी : शैतानी मत करना....चुपचाप बैठना नानाजी के पास।

नाना : *(दुलराते हुए)* आ जा मेरे लाल *(रामदुलारी की ओर)* अभी से रामायण के शब्द जब इसके कान में पड़ेंगे तभी तो संस्कारवान बनेगा नन्हें। हाँ, ऐसे बैठ गोदी में....सुन, नाना से रामायन सुन.....

नाना नन्हें को गोद में लेते हैं। रामचरित मानस का पाठ करने लगते हैं। इस बीच रामदुलारी दूध का ग्लास लाकर रखती है।

रामदुलारी : नन्हें बहुत जिद्दी हो गया है बाबूजी, सुनता ही नहीं...

आजकल दूध भी नहीं पीता। *(नाना जी से)*

नाना : जिद्‌दी नहीं नटखट! बच्चे नटखट नहीं होंगे तो किस काम के! भगवान राम हों या श्रीकृष्ण। श्रीकृष्ण जी कितने नटखट थे—गोपियों की मटकी फोड़ देते थे...थे तो माखनचोर, पर यशोदा जी कहें तो खाते नहीं थे माखन....खैर, वो तो भगवान थे...इस नन्हें को तो अभी दुनिया देखनी है...इस पर तू बिगड़ा मत कर। *(गला रुँध जाता है)*

रामदुलारी और बाबूजी (नाना) की आँखें मिलती हैं।

रामदुलारी : मैं बिगड़ती नहीं....ये नहीं मानता तो झुंझलाहट होती है।

नाना : तो उस पर काबू रख बेटी...नन्हें कभी रो पड़ा तो मेरा मन.....

रामदुलारी : नहीं बाबूजी, मैं इसकी आँखों में कभी आँसू नहीं आने दूँगी। अपनी कोशिश भर इसे कभी कोई दुख नहीं होने दूँगी....*(गहरी साँस लेती है)*

नाना : यही हम सबकी कोशिश होनी चाहिए.....नन्हें को कभी महसूस भी न हो कि इसके बाबूजी इस दुनिया में नहीं हैं। *(दोनों की आँखों में आँसू)*

नाना : आँसू पोंछ ले बेटी *(अपने भी पोंछते हैं)* नन्हें सब देख रहा है। इसकी हिम्मत बढ़ानी है....हाँ, इसके आगे कभी रोना मत....तू जा अब अपना काम कर। मैं इसे दूध पिला दूँगा......

रामदुलारी चली जाती है।

नाना नन्हें को दुलराकर रामायण का पन्ना पलटते हैं।

वी. ओ. : पर नाना हजारीलाल भी कब-तक इस दुनिया में

रहते! वो जब-तक जीवित रहे, उन्होंने अपने नन्हें के लिए लाड़-प्यार की कोई कमी नहीं होने दी। लेकिन बालक लाल बहादुर की उम्र जब चार साल होने को आई तो नाना का साया भी सिर से उठ गया। इस तरह लाल बहादुर का भविष्य एक बार फिर दो-राहे पर आ खड़ा हुआ।

कट।

सीन—7

रात!

चारों तरफ नीरवता छाई है।
रामदुलारी की जाँघ पर सिर रखकर बालक लाल बहादुर सोया हुआ है। दीए की लौ में वे उसकी कमीज का बटन टाँक रही हैं। मानो वे उसके भविष्य के बारे में सोच-विचार कर रही हैं। वातावरण में सन्नाटा बज रहा है।
(बैकग्राउण्ड में कुत्ते और सियार की आवाज़ डाली जा सकती है)

कट।

एंकर :

माता रामदुलारी बेटे लाल बहादुर के भविष्य को लेकर खासी चिन्तित थीं। लाल बहादुर को आगे पढ़ाना था। उसे आत्मनिर्भर बनाना था। आखिर आगे की पढ़ाई कहाँ और कैसे हो, इसका इन्तजाम करना था। इसी वास्ते शुरुआती पढ़ाई के बाद बचपन में ही माँ ने नन्हें यानी लाल बहादुर को बनारस पहुँचा दिया, अबोध लाल बहादुर को उसके मामा के घर।

कट।

सीन–8

बालक लाल बहादुर अब किशोर वय में पहुँच चुका है। घर के पिछवाड़े कुँए की जगत पर वह अपने कपड़े धो रहा है। तभी उसकी मामी गन्दे कपड़ों का गट्ठर लाके उसके पास पटक देती है।

मामी : अरे नन्हें! ज़रा ये भी धो डालना......

लाल बहादुर का खामोश लुक। फिर–

लाल बहादुर : आप कहीं जा रही हो मामी जी? *(या माईं जी)*

मामी : हाँ......

कहती मामी जाती है। लाल बहादुर गहरी साँस लेता है, कपड़ों का गट्ठर धोने के लिए पास सरकाता है।

इंटरकट

तभी एक तांगा आकर रुकता है। रामदुलारी तांगे से उतरती हैं, तांगेवाले को पैसे देकर वह बेटे को कपड़े धोते देखती हैं। एक क्षण को उन्हें झटका लगता है। माँ की आँखें डबडबा आती हैं। वह खुद को सँभालती हैं।

तभी कपड़े धोते लाल बहादुर पर

माँ रामदुलारी : *(वीओ)* नन्हें!

किशोर लाल बहादुर दौड़कर अपनी माँ के पैर छूता है। रामदुलारी बेटे को प्यार करती हैं।

रामदुलारी : मन लगाकर पढ़ाई कर रहा है न बेटा?

(रामदुलारी की उचटती-सी नज़र कपड़ों के ढेर पर फिर जाती है)

लाल बहादुर : हाँ माँ, मैं खूब मन लगाकर पढ़ रहा हूँ।

रामदुलारी : हाँ नन्हें...पढ़ाई सबसे जरूरी है....और मामा-मामी से हिल-मिलकर रहना बेटा। उनकी सारी बातें जरूर मानना। आखिर वही तो यहाँ तुम्हारी देखभाल करते हैं।

(रामदुलारी की नज़र एक बार फिर कपड़ों के ढेर की तरफ जाती है। वे लाल बहादुर की नजरें बचाकर अपनी आँखों में आए आँसू पी जाती हैं।)

वी. ओ. : मामा-मामी तो बस नाम के सहारा भर थे। दरअसल लाल बहादुर को पढ़ाई पूरी करने के लिए एक ठिकाने की बेहद जरूरत थी। लेकिन इसके बदले लाल बहादुर को नौकर की तरह मामा-मामी के घर के बहुत से काम करने होते थे। मजबूर लाल बहादुर आख़िर करता भी तो क्या। पढ़ाई तो पूरी करनी ही थी! स्वाभिमान तो घुट्टी से मिला था। मेहनत मंजूर थी, लेकिन स्वाभिमान था जो खून को घूँट भी पी जाने की ताकत देता था।

एंकर :

यही वो समय भी था जब भारतीय राजनीति और समाज में

स्वाधीनता के लिए जद्दोजेहद शुरू हो चुकी थी। इसी समय लाल बहादुर के जीवन ने एक नई करवट ली। छात्रावस्था में उनके एक शिक्षक, उन्हें गुरुजी कहना उचित होगा, उन्होंने किशोर लाल बहादुर के दिलो-दिमाग़ पर गहरी छाप छोड़ी।

थीम म्यूजिक बैकग्राउंड में उभरता है।

कट।

सीन—9

स्थान—क्लास रूम

अंग्रेज़ी के अध्यापक बच्चों को पढ़ा रहे हैं। छात्रों के बीच लाल बहादुर भी है। (घण्टी बजती है) प्रिरोल।

अध्यापक : अच्छा तो बच्चो! आज अंग्रेज़ी भाषा का ये चैप्टर यहीं ख़त्म करता हूँ। लेकिन जाने से पहले सुनो! कल अपनी-अपनी रैपिड रीडर लेकर ज़रूर आना। मैं हरेक के पास किताब की जाँच करूँगा। जो विद्यार्थी किताब लेकर नहीं आएगा। *(छड़ी दिखाते हुए)* उसकी ख़ैर नहीं।

लाल बहादुर का चिन्तित रिएक्शन

अध्यापक क्लास से निकल जाते हैं। छात्रों का शोर-गुल शुरू। कुछ छात्र भी उनके पीछे-पीछे निकल जाते हैं। लाल बहादुर चिन्तित बैठा रह जाता है।

छात्र–1 : क्या बात है, लाल बहादुर, तुम इतने परेशान क्यों हो?

लाल बहादुर : मेरे पास रैपिड रीडर है नहीं....पैसे भी नहीं कि खरीद सकूँ।

छात्र : तब तो कल मास्टरजी मारेंगे.....क्लास से निकाल देंगे....।

लाल बहादुर : ....तो तुम मेरी मदद करो ना, मुझे अपनी किताब उधार दे दो। मैं इसकी नक़ल तैयार करके कल तुम्हें वापस कर दूँगा।

छात्र : कहीं तुम भूल गए तो?

लाल बहादुर : मैं नहीं भूलूँगा, मेरे दोस्त।

छात्र : तो ले जाओ.... *(किताब देता है)* लेकिन ध्यान रखना, कल तुम किताब नहीं लाओगे तो हम दोनों मुश्किल में पड़ जाएँगे। टीचर जी की छड़ी बड़ी ज़ोर की पड़ती है.....

लाल बहादुर : तुम छड़ी की चिन्ता मत करो। कुछ भी हो, मैं रातभर में इसे उतार लूँगा।

कट।

सीन—10

रात है। घर में मिट्टी का तेल नहीं है। एक स्ट्रीट लैंप के नीचे लाल बहादुर बैठा है। वो माँग कर लाई किताब को जल्दी-जल्दी एक कॉपी में उतार रहा है। पास ही एक पान वाला दुकान बन्द कर रहा है।

दुकानवाला : ए बबुआ, लाल बहादुर....रात बहुत हो गई है, अब अपने घर जाओ।

लाल बहादुर का कोई रिएक्शन नहीं। वह लगातार लिखता ही जा रहा है।

दुकानवाला : *(खुद से)* पढ़ाई के आगे इसे तो किसी चीज़ की कोई सुध ही नहीं।

खुद से कहता हुआ वह जाता है।

सीन–11

सुबह वही पानवाला जब अपनी दुकान खोलने आता है तो वह लाल बहादुर को वहीं बैठा लिखता हुआ पाता है। पान वाला बड़बड़ाता है।

दुकानवाला : *(खुद से)* अरे, ये तो पूरी रात यहीं बैठा लिखता रहा! ताज्जुब है.....*(लाल बहादुर से)* अरे बेटा, मौसम सर्दी का आ चुका है, इस तरह रातभर ओस में बैठे रहने से तो निमोनिया हो जाएगा....घर में लालटेन जला के पढ़ लेता।

लाल बहादुर : घर में मिट्टी का तेल नहीं था.....*(काम करते हुए)*

दुकानवाला : तो आज दिन में काम कर लेता।

लाल बहादुर : आज तो किताब लेके जाना था.....

लाल बहादुर अपने काम में लगा रहता है।

दुकानवाला : *(खुद से)* अरे देखा......ऐसा पढ़ाकू मैंने आज तक नहीं देखा।

कट।

सीन—12

गंगा के घाट पर

सुबह का ही वक्त है। लाल बहादुर और उसका एक दोस्त नदी के घाट पर खड़े हैं। सवारियाँ लेकर एक नाव अब छूटने ही वाली है। लाल बहादुर अपना बस्ता दोस्त के हवाले करता है।

लाल बहादुर : मेरा बस्ता तुम रख लो, मैं तुम्हें उस पार मिलूँगा।

छात्र : तुम भी इसी पर चलो न लाल बहादुर।

लाल बहादुर : नाव से उस पार जाने के पैसे लगते हैं.....मेरे पास पैसे नहीं हैं।

छात्र का रिएक्शन

छात्र : पैसे मैं दे दूँगा.......

लाल बहादुर : कितने दिन तुम पैसे दोगे दोस्त......तुम नाव से जाओ....मैं नदी पार करके पहुँचता हूँ।

नाविक का रिएक्शन

लाल बहादुर का साथी नाव पर सवार हो जाता है।

नाविक : ऐ बचवा! आओ, आ जाओ। पैसा कल दे देना।

लाल बहादुर : नहीं.....केवट भइया! उधारी मैं नहीं करूँगा....मेरी अम्मा को उधारी पसन्द नहीं!

नाविक : तो फिर स्कूल कैसे जाओगे?

लाल बहादुर : क्यों? नाव तैरती है, इसी की तरह मुझे भी तैरना आता है!

नाव वाला आने वालों का इन्तजार करता है। लाल बहादुर कमीज उतारकर नाव में बैठे सहपाठी की ओर फेंकता है और पानी में छलांग लगाता है।

कट।

सीन—13

क्लास रूम

अंग्रेजी की कक्षा का दृश्य। अध्यापक (निष्कामेश्वर मिश्र) राउंड पर है और वो हर छात्र के पास रैपिड रीडर की जाँच कर रहा है। सबने अपने-अपने सामने किताब रखी हुई है। एक लाल बहादुर ही है जिसने अपनी कॉपी अपने सामने रखी है। अध्यापक जब लाल बहादुर तक पहुँचता है तो लाल बहादुर अपनी नोटबुक दिखा देता है। अध्यापक कुछ समझ नहीं पाता। वो उसके कान उमेठता है।

टीचर : ये क्या है?

लाल बहादुर : सर, रैपिड रीडर!

टीचर : हमसे चालाकी! ज़्यादा होशियार मत बनो।

लाल बहादुर सहम कर रह जाता है और अपनी नकल वाली कॉपी आगे बढ़ाता है।

टीचर : यह कापी क्या दिखा रहा है? (बिगड़कर) लाल बहादुर! मैंने रैपिड रीडर लाने को बोला था! तुम अपनी किताब लेकर क्यों नहीं आए?

टीचर लाल बहादुर को एक छड़ी मारते हैं।
लाल बहादुर मार खाकर हक्का-बक्का रह जाता है।

लाल बहादुर : सर....वो....

टीचर : वो....वो क्या....मेरे सवाल का जवाब क्यों नहीं देते तुम?

टीचर एक और छड़ी मारते हैं। छड़ी लगने पर लाल बहादुर के हाथ से कॉपी छूटकर गिर जाती है, जिसे उसका वही दोस्त उठाता है जिसने किताब दी थी और टीचर को दिखाता है–

दोस्त छात्र : सर, ये....ये रैपिड रीडर ही है सर...वो सर! लाल बहादुर ग़रीब घर से है, इसके पास किताब खरीदने के लिए पैसे नहीं थे। इसने मुझसे किताब माँगी और रात भर में पूरी किताब इस कॉपी पर उतार ली है.....।

टीचर का रिएक्शन

छात्र : हाँ सर, एक ही रात में इसने किताब की नकल तैयार कर ली ।

छात्र के हाथ से कॉपी लेकर टीचर निष्कामेश्वर मिश्र उलटने-पलटने लगते हैं। कैमरा उनका चकित लुक दिखाता है। टीचर पलटकर लाल बहादुर को देखते हैं। लाल बहादुर के चेहरे पर आँसुओं की लड़ी। टीचर पास आकर उसके सिर पर हाथ फेरते हैं।

निष्ममेश्वर : माफ करना बेटे! आई एम सॉरी.....मुझे अन्दाज़ा नहीं था, तुम्हारी इस सच्चाई के बारे में। मैं सोच भी नहीं

सकता था कि ये कॉपी नहीं किताब है।

लाल बहादुर अपने आँसू पोंछता, सर लटकाए सुबकता खड़ा है।

निष्कामेश्वर मिश्र का दिल अन्दर से पसीजता है।

निष्कामेश्वर : अनजाने में आज मुझसे बड़ा पाप हो गया। मैंने तुम जैसे मेहनती और होनहार छात्र के ऊपर, बिना दोष के हाथ उठाया। आई एम वैरी-वैरी सॉरी।

लाल बहादुर रोए जा रहा है। निष्कामेश्वर मिश्र का दुःखभरा लुक।

कट।

सीन—14

निष्कामेश्वर मिश्र का घर। वो अपने साथ लाल बहादुर को अपने घर लाते हैं और अपनी पत्नी से मिलवाते हुए।

निष्कामेश्वर : अरे! सुनती हो......आज से हमारे घर में एक और बच्चा जुड़ गया है।

पत्नी : *(दोनों को देखकर, बच्चे से)* क्या नाम है तुम्हारा बेटे।

लाल बहादुर : जी, मेरा नाम लाल बहादुर है।

निष्कामेश्वर : बहुत ही इंटेलिजेंट और होनहार लड़का है। एक दिन हमारे स्कूल का नाम रोशन करेगा। बहुत मेहनती भी है।

पत्नी का लुक। तारीफ भरा।

पत्नी : ये तो बहुत अच्छी बात है। अच्छा चलो, अब तुम लोग हाथ-मुँह धो लो, खाना भी तैयार है.......

चली जाती है।

निष्कामेश्वर : बेटे लाल बहादुर, जीवन में कभी भी किसी चीज़ की ज़रूरत हो, मेरे घर का दरवाज़ा तुम्हारे लिए हमेशा खुला है। कभी संकोच मत करना।

लाल बहादुर कुछ भी बोल नहीं पाता।

पत्नी : *(नेपथ्य से)* आ जाओ! खाना खा लो।

दोनों अन्दर साथ जाते हैं।

कट।

सीन—15

स्थान—स्कूल के स्टाफ रूम के बाहर

लाल बहादुर अपना बस्ता लिए बरामदे में खड़ा है। निष्कामेश्वर पास आते हैं।

निष्कामेश्वर : अरे बेटे लाल बहादुर! कल रात तुम घर नहीं आए?

लाल बहादुर कुछ भी नहीं बोल पाता।

निष्कामेश्वर : *(खुद अपनी ही आवाज में खुद से)* मैं तुम्हारे जज्बात को समझता हूँ बेटे। तू स्वाभिमानी है। अहसान लेना नहीं चाहता।

लाल बहादुर के चेहरे पर सहजता, पर वह खामोश रहता है।

निष्कामेश्वर खुद को सँभालते हैं।

निष्कामेश्वर : देखो लाल बहादुर, मुझे एक ट्यूटर की भी ज़रूरत है जो मेरे घर आकर मेरे बच्चों को पढ़ा दिया करे। और मैं चाहता हूँ कि वो ट्यूटर तुम बनो। तुम रोज आकर मेरे बच्चों को पढ़ा दिया करो।

लाल बहादुर : ठीक है सर! ये आपकी प्यार भरी आज्ञा है सर! भला मैं इसे कैसे टाल सकता हूँ।

सीन—15 ए

निष्कामेश्वर खुश हो जाते हैं। विभिन्न दृश्यों में– हम लाल बहादुर को मिश्र जी (टीचर) के दो बच्चों को पढ़ाते, फिर निष्कामेश्वर मिश्र और लाल बहादुर को अलग-अलग कोणों से साथ पढ़ते, बहस करते, टहलते और खाते देखते हैं। दृश्य के अन्त में निष्कामेश्वर मिश्र आराम कुर्सी पर आराम करते दिखाई देते हैं जबकि लाल बहादुर बरामदे में उनके बच्चों को पढ़ाता हुआ है।

वी. ओ. : निष्कामेश्वर मिश्र अंग्रेजी के टीचर थे और अंग्रेजी साहित्य के विद्वान, लेकिन अंग्रेजीराज के वे सख़्त खिलाफ़ थे। हिन्दुस्तान में अंग्रेज़ियत से वे नफ़रत करते थे। मास्टरी तो केवल उनका पेशाभर थी। अंग्रेजी भाषा के ज्ञान को वे क़तई बुरा नहीं मानते थे। लाल बहादुर और मास्टर निष्कामेश्वर मिश्र के बीच स्वाधीनता आन्दोलन, स्वदेशी विचारधारा और गुलामी आदि विषयों पर अक्सर बहस चलती रहती। संयोग देखिए कि दोनों के विचार एक दूसरे से मिलते

भी थे। बल्कि कहना चाहिए कि मास्टर निष्कामेश्वर मिश्र के विचारों से लाल बहादुर सहमत होते थे और प्रभावित भी। यह इतिहास का करिश्मा था कि उन्हीं दिनों हिन्दुस्तान की गुलाम धरती पर एक ऐसी शख्सियत कदम रखने जा रही थी, जो दक्षिण अफ्रीका में जाति भेद से जूझने के बाद स्वदेश आ रही थी और वो कोई और नहीं, वह शख्सियत थी—मोहनदास करमचन्द गाँधी! निष्कामेवर मिश्र गाँधीजी की विचारधारा के बेहद प्रशंसक थे।

एंकर

निष्कामेश्वर मिश्र तो गाँधी जी की नीतियों और नैतिकता के मुरीद थे, लेकिन लाल बहादुर की दीक्षा अभी होनी थी....लाल बहादुर की अमर-कथा—उनकी दीक्षा, शिक्षा, विवाह, जेल, फिर बार-बार जेल और फिर वो दिन जिसका उनके बनारस शहर को इन्तजार था....

एंकर की कमेंट्री पर भविष्य के दृश्यों का तेजी से सामने आता एक मोंताज।

सीन—16

एंकर

रवीन्द्रनाथ ठाकुर की एक अमर रचना है, जिसका भावार्थ कुछ यूँ है कि मुझे उस पारसमणि की आग से छू लो ताकि ये जीवन सार्थक हो उठे, इस जीवन में जीवट का संचार हो.....आग्नेर पारशमोनि छुआओ प्राणे.....बहरहाल वो पारसमणि, जिसने भारत के लगभग हर आदमी को क्रान्तिकारी बना दिया, वो शख्स आज बनारस हिन्दू विश्वविद्यालय का शिलान्यास करने पहुँच रहा था।

(गाना : आग्नेर पारशमणि का हिन्दी अनुवाद)

निष्कामेश्वर मिश्र के घर का वही बरामदा जहाँ गुरु-शिष्य अक्सर बातें करते हैं।

निष्कामेश्वर : जल्दी करो, लाल बहादुर, देर हो गई तो हम सभी गाँधी जी के दर्शन करने से चूक जाएँगे।

लाल बहादुर : सर, आजादी के लिए लाल, बाल और पाल जिस तरह से संघर्ष कर रहे हैं, ऐसे में गाँधी जी क्या योगदान दे सकते हैं?

निष्कामेश्वर : बहुत बड़ा योगदान दे सकते हैं गाँधी जी। ये देश केवल उग्र आन्दोलनों से आजाद नहीं हो पाएगा।

गाँधी जी के बताए अहिंसक प्रतिरोध और असहयोग के रास्ते पर चलना बहुत ज़रूरी है।

दोनों कपड़े पहन रहे हैं। तैयार हो रहे हैं।

निष्कामेश्वर : गाँधी दर्शन एक ऐसा हिमालय है जिसे अंग्रेजी सत्ता की तोप, तलवार, बारूद और दमन गिराना तो दूर, हिला भी नहीं सकता। गुलामी से मुक्ति और सम्पूर्ण आजादी हासिल करने का यही कारगर रास्ता है!

दोनों बाहर निकलने के लिए मुड़ते हैं।

कट।

सीन—17

गाना : **आग्नेर पारशमणि**

निष्कामेश्वर मिश्र और उनका शिष्य अभी बातचीत कर रहे हैं, वो एक तांगे में सवार हैं।

निष्कामेश्वर : हालाँकि बाल गंगाधर तिलक ने गाँधी जी को तब पूरा समर्थन दिया, जब उन्होंने दक्षिण अफ्रीका में रंगभेद की खिलाफत की थी और यह भी सच है कि दोनों की सोच के रास्ते, भारत की गुलामी से मुक्ति की ओर जाते हैं, लेकिन मेरा मन फिर भी यही कहता है कि केवल उग्र आन्दोलन देश को आजाद नहीं करा सकता। देश को गाँधीजी की जरूरत है।

तभी सामने की भीड़ देखकर घोड़ा हिनहिनाता है और रुक जाता है।

एक हवलदार खैनी ठोंकता हुआ आगे बढ़ता है।

हवलदार : तांगा रोको, इससे आगे घोड़ा गाड़ी ले जाने की इजाजत नहीं है। आगे बहुत भीड़ है यहाँ से उतरकर जाना होगा।

मास्टर और लाल बहादुर सिर उठाकर भीड़ को देखते हैं, नीचे उतर जाते हैं और मंच की तरफ बढ़ चलते हैं।

(आग्नेर पारसमणि गाना यहीं कहीं खत्म हो जाएगा)

सीन—18

काशी हिन्दू विश्वविद्यालय का स्थापना दिवस। बैनर लगा है। मंच पर गाँधी जी बोलने को खड़े होते हैं। और अभी थोड़ी देर पहले एक भिखारन के साथ वाला अपना अनुभव सुनाते हैं। भीड़ में निष्कामेश्वर मिश्र और लाल बहादुर हैं, गौर से सुन रहे हैं।

गाँधीजी : भाइयो और बहनो, देश की आजादी हमारा सपना है। हमें अपने सपने को सच करने के लिए पूरी लगन और जोश से आगे बढ़ने की जरूरत है।

भीड़ में नारा उभरता है।

इंकलाब!

ज़िन्दाबाद!

गाँधी जी!

ज़िन्दाबाद!

गाँधीजी : मित्रो, नारों के साथ-साथ हमें त्याग करने की भी ज़रूरत है। हमें एक-दूसरे का दुख समझने की ज़रूरत है। अभी कुछ देर पहले मैंने रास्ते में भीख माँगने वाली एक औरत को देखा, मुझे उसके रूप में भारत माता की लाचार तस्वीर दिखाई दी। लेकिन यहीं,

इस सभा में मैं ऐसे धन्ना सेठों को देख रहा हूँ जो विलायती पोशाकों से लैस हैं....

(भीड़ में सबसे आगे बैठे अफसरों और सेठों, व्यापारियों पर कैमरा पैन करता है)

गाँधीजी : मैं फिर कहना चाहता हूँ कि वैभव का यह पाखण्ड ब्रिटिश हुकूमत से लड़ने में हमारी ताक़त को कमजोर करता है।

निष्कामेश्वर मिश्र और लाल बहादुर का गम्भीर विचारता हुआ लुक।

गाँधी जी : मित्रो, हमें यह नहीं भूलना चाहिए कि हमें हर कीमत पर आजादी चाहिए। लेकिन इसके लिए हमें त्याग और तपस्या करनी होगी। विदेशी वस्तुओं को अपनाने के कारण हमारे स्वदेशी धन्धे बरबाद हो गए हैं...हमारे दस्तकार और कारीगर बेकार हो गए। हमें विलायती कपड़ों और सामानों का उपयोग बन्द करना होगा और स्वदेशी वस्तुओं का इस्तेमाल करना होगा। वह वस्तुएँ जो हमारे देश के कारीगर बनाते हैं। वह कपड़ा पहनना होगा जो अपने देश के जुलाहे बनाते हैं और इसके लिए ज़रूरी है कि हम खादी का उपयोग करें। यही खादी हमें अपने पैरों पर खड़ा कर सकती है और आजादी भी दिला सकती है।

भीड़ से नारा उभरता है।

इन्कलाब!

ज़िन्दाबाद!

गाँधी जी!

ज़िन्दाबाद!

लाल बहादुर का चेहरा आत्मविश्वास से भर गया और आँखों में चमक आ गई है।

एंकर

काशी हिन्दू विश्वविद्यालय के स्थापना दिवस वाला गाँधी जी का वह भाषण लाल बहादुर के मन में सोच की एक नई चिंगारी छोड़ गया। निष्कामेश्वर मिश्र ने इस चिंगारी को एक आग में बदलने के लिए कोई कसर न छोड़ी और तभी देश के दिल को दहला देने वाला एक हादसा पेश आया।

सीन—19

जलियाँवाला बाग हत्याकाण्ड

वी. ओ. : सन् 1919 बैशाखी का दिन। अंग्रेजी हुकूमत के खिलाफ अमृतसर की जनता आन्दोलित थी। पूरे शहर में धारा-144 लागू थी। ब्रिटिश सरकार के घिनौने फरमानों के खिलाफ जलियाँवाला बाग में लोग एक शान्तिपूर्ण सभा कर रहे थे। बाग में घुसने और निकलने के लिए सिर्फ एक ही रास्ता था। तभी अंग्रेज जनरल डायर ने अपने सिपाहियों के साथ बाग में प्रवेश किया। बाग को चारों तरफ से घेर लिया गया और गेट बन्द कर दिया गया। जनरल डायर ने निहत्थी भीड़ पर गोलियाँ चलाने का हुक्म दिया। बन्दूकें तब तक न रुकीं जब तक गोलियाँ खत्म न हुईं!

कट टू

लाल बहादुर शास्त्री और निष्कामेश्वर मिश्र फटी-फटी आँखों से अखबारों में छपी इस हत्याकाण्ड की खबरें

पढ़ रहे हैं। दोनों के लिए अपनी भावनाओं पर काबू करना मुश्किल है।
गाँधी जी ने घटना पर गहरा रोष व्यक्त किया है। रवीन्द्रनाथ टैगोर ने नाइटहुड की अपनी उपाधि वापस कर दी है।

निष्कामेश्वर : उफ! यह वहशी हत्याकाण्ड! देखना....गाँधी जी इसका मुँहतोड़ जवाब देंगे।

लाल बहादुर : लेकिन गाँधी जी तो शान्ति और अहिंसा के रास्ते पर चलने वाले हैं, वो कैसे इसका मुहतोड़ जवाब देंगे?

एंकर :

जल्द ही देश में चल रही बदले की लहर को एक शक्ति में बदलने के लिए गाँधी जी ने असहयोग आन्दोलन शुरू किया। इस आन्दोलन ने जल्द ही बर्तानवी हुकूमत के पैरों तले की जमीन हिला कर रख दी। दुनिया ने देखा कि लड़ाई का ये भी एक रास्ता है, बल्कि निहत्थी जनता के सामने शायद सिर्फ यही एक रास्ता है। लाल बहादुर भी गाँधी जी के इस अनोखे संघर्ष की विचारधारा से भीतर तक प्रभावित हुए।

सीन–20

बनारस का हरिश्चन्द्र विद्यालय। गेट के सामने बहुत से छात्र धरना दे रहे हैं। कुछ वहीं पर लेटे हैं। लाल बहादुर की मैट्रिक की परीक्षाएँ शुरू होती हैं। हमेशा की तरह बिल्कुल समय पर लाल बहादुर विद्यालय पहुँचते हैं। साथ में दो एक दोस्त भी हैं। मौके पर पुलिस भी मौजूद है और बीच-बीच में होने वाले लाठीचार्ज से माहौल में तनाव है। लाल बहादुर और उसका दोस्त समझ नहीं पाते क्या किया जाए।

दोस्त–1 : उफ.....मैट्रिक का इम्तहान, ऊपर से यह धरना...

दोस्त–2 : बहुत कठिन समय है दोस्त, हमें कड़े फैसले लेने होंगे।

लाल बहादुर : नहीं....हमें धीरज नहीं खोना चाहिए। मैट्रिक का इम्तहान अपनी जगह है....पर सवाल देश की आजादी का भी है।

दोस्त : ओह, शटअप, लाल बहादुर! सवाल हमारे कैरियर का भी है....बहुत हो चुका यह आजादी का तमाशा।

इतना कहकर वो छात्र लौट जाता है लेकिन लाल बहादुर वहीं खड़ा सोच में डूब जाता है।

(लाल बहादुर थीम साँग फेड इन)
हम लाल बहादुर को अलग-अलग कोणों से अकेला बैठकर सोचते हुए देखते है।

वी. ओ. : आज लाल बहादुर दो-राहे पर खड़ा है। एक रास्ता कैरियर बनाने और घरेलू फर्ज निभाने की ओर जाता है लेकिन दूसरा रास्ता मातृभूमि की आजादी का कर्त्तव्य निभाने की ओर जाता है। लाल बहादुर असमंजस में था। मुफलिसी ऐसी कि नौकरी कर माँ का सपना साकार करना जरूरी था लेकिन देशभक्ति का समुन्दर दिल में उमड़ रहा था।

सीन—21

निष्कामेश्वर मिश्र का घर, वही बरामदा और बैठने का वही अन्दाज। दोनों गुरु शिष्य परीक्षा बहिष्कार पर बातचीत कर रहे हैं।

लाल बहादुर : मैं दुविधा में फँसा हूँ सर, मैं क्या करूँ, ये मेरी समझ में नहीं आ रहा है?

निष्कामेश्वर : मैं तुम्हारी इस मुश्किल और दुविधा को समझता हूँ, लाल बहादुर! लेकिन तुम्हारी तरह ही अनेक नौजवान हैं जिन्होंने अपनी निजी इच्छाओं और महत्त्वाकांक्षाओं को तिजांजलि दे दी है। उनके लिए देश की आजादी से बढ़कर कोई और बड़ा सपना नहीं है। आज सबका एक ही मिशन है। आजादी और सम्पूर्ण आज़ादी।

लाल बहादुर : मेरा कहने का मतलब यह कतई नहीं है सर, कि मेरी दुविधा मेरी देशभक्ति में आड़े आती है। मेरे भीतर भी क्रान्ति की वही ज्वाला है, जो दूसरे नौजवानों में। लेकिन हर घड़ी मेरी माँ की मजबूर आँखों का सपना मेरी आँखों के आगे आकर खड़ा हो जाता है और उन सपनों को साकार करने की लालसा मेरे भीतर जाग

उठती है सर! मेरी मजबूरी बस इतनी है सर! बस इतनी।

निष्कामेश्वर : माँ का प्रसंग उठाकर तुमने अपने ही तर्क को और बल दे दिया लाल बहादुर, क्योंकि आज न जाने कितनी माँएँ ऐसी हैं जिन्होंने अपने कलेजे के टुकड़ों के माथों पर तिलक लगाकर मातृभूमि की आजादी की खातिर रण में उतारा है। आज कोई भी माँ अपनी सन्तान में देशभक्ति की धधकती ज्वाला का स्वागत करेगी। तुम अपनी माँ के लाल और बहादुर, दोनों हो....लाल बहादुर...और मैं समझता हूँ तुम्हारी माँ वो देवी है जो त्याग और बलिदान का दूसरा नाम है।

लाल बहादुर सोच में पड़ा है। वह निष्कामेश्वर मिश्र की एक-एक बात पर जैसे गौर कर रहा है।

निष्कामेश्वर : एक गुरु होने के नाते तुम्हें दुविधा से निकालना मेरा फर्ज था, लेकिन तुम्हें अपने बारे में फैसला लेने का पूरा हक़....फिर भी तुम्हारा ही है।

लाल बहादुर अभिवादन कर जाने को मुड़ता है।

कट।

(सूफी गीत.....'बुल्ला की जाणा मैं कौन'....पद्मश्री रीता गांगुली की आवाज़ में)

वी. ओ. : लाल बहादुर की दुविधा बढ़ती जा रही थी। एक तरफ माँ का सपना और दूसरी तरफ स्वतन्त्रता का सपना! लाल बहादुर अब अपनी माँ से मिलने जा रहा है। मास्टर निष्कामेश्वर मिश्र ने तो उसे परीक्षा का बहिष्कार करने की सलाह दी है लेकिन माँ तो फिर भी माँ है। लाल बहादुर अब वही करेगा जो माँ कहेगी।

लाल बहादुर को हम गलियाँ, मैदान, खेत और बाग पार करते हुए, माँ के पास जाता देखते हैं।

सीन—22

भोर का समय। पूजाघर से एक बूढ़ी महिला के श्लोक पढ़ने की आवाज सुनाई देती है। महिला गीता का श्लोक पढ़ रही है।

लाल बहादुर पूजा घर में घुसता है। वह दीवार से लग कर खड़ा हो जाता है। गाती हुई महिला की पीठ उसकी तरफ है। पूजा करने के बाद महिला (लाल बहादुर की माँ) मुड़ती हैं और बेटे को देखकर खुश हो जाती हैं।

माँ : अरे बेटा लाल बहादुर...आ गए......तुम.....

लाल बहादुर थोड़ा गम्भीर है। माँ देखती है, चिन्तित होती है।

माँ : क्या बात है, बेटा, तू किसी उलझन में फँसा है?

लाल बहादुर : माँ (या अम्मा, जो शास्त्री जी अपनी माँ को पुकारते थे) कैसे बताऊँ यह उलझन....आज मैं बहुत दुविधा में फँसा हूँ। समझ में नहीं आ रहा कि मुझे क्या करना चाहिए!

माँ की चिन्ता और बढ़ जाती है। माँ का लुक।

माँ : ऐसी क्या बात है बेटे?

लाल बहादुर : माँ! मेरे सामने एक तरफ तुम हो, दूसरी तरफ भारतमाता!

लाल बहादुर की आँखों में नमी।

माँ भी भीगी आँखों से देखती हैं और उसके कन्धे पर थपकी देती हैं। माँ खुद को भी सँभालती हैं।

माँ : मैं.....मैं....समझ गई तेरे मन की बात....सुन नन्हें—तेरी माँ का कलेजा अब बहुत कठोर हो चुका है बेटा। ये घरेलू दुख तकलीफ मामूली बातें हैं बेटा....

(आँखों में आँसू आ जाते हैं, पोंछती है)

माँ : ये मैट्रिक का इम्तिहान तो कोरा इम्तिहान है। आज देश के सामने सबसे बड़ा इम्तिहान आजादी का है। तुम्हें भी इस इम्तिहान में बैठना है बेटा। हाँ, इसी इम्तिहान में बैठना है। जा, देश के लाखों, करोड़ों नौजवानों की भीड़ में शामिल हो जा और इस बड़ी परीक्षा को पास करके अपना कर्तव्य पूरा कर।

इसी बीच इंटरकट्स में घर की गरीबी और बदहाली के कट्स तेजी से आते और जाते हैं।

माँ : एक टोपी कोई यहाँ भूल गया था......ले, इसे पहन और असली परीक्षा में शामिल हो जा....

लाल बहादुर टोपी पहनते हैं, गम्भीर लुक है। सामने शीशे में खुद को देखते हैं फिर माँ का पैर छूते हैं और बाहर निकलने को मुड़ते हैं।

(सूफी गीत : बुल्ला की जाणा मैं कौन) फेड इन। माँ की आँखों में अविरल बहते खुशी और राहत के आँसू।

कट।

वी. ओ. : लाल बहादुर की माँ की ही तरह आजादी की लड़ाई में लाखों-लाख माँओं ने देश के लिए अपनी ममता कुर्बान कर दी। यही वो ताकत थी जिसने अंग्रेजों के हर जुल्म के खिलाफ आजादी के मतवालों को हँसते-हँसते बलिदान हो जाने का हौसला दिया। माताओं की इसी सामूहिक शक्ति का दूसरा नाम भारतमाता है। भारत और क्या है! त्यागमयी माताओं और उनके वीर सपूतों का देश!

(सूफी गीत : बुल्ला की जाणा मैं कौन.....खत्म होता है)

एंकर

नॉन कोऑपरेशन मूवमेन्ट....असहयोग आन्दोलन ने समूचे भारत को अपनी गिरफ़्त में ले लिया। लोगों ने सरकारी नौकरियाँ छोड़ दीं, विदेशी वस्तुओं को त्यागना शुरू कर दिया। बच्चों ने सरकारी स्कूलों में जाना छोड़ दिया। अंग्रेज हुक्मरान करते तो क्या करते। बौखला गए। असहयोग आन्दोलन ने साबित कर दिया कि अहिंसक आन्दोलन से भी क्रान्ति आ सकती है। इंकलाब केवल उग्र आन्दोलनों का नाम नहीं है। सत्य की राह पर चलकर भी विजयी हुआ जा सकता है और इसी सत्य के प्रयोग ने लाल बहादुर की इच्छा शक्ति और प्रेरणा शक्ति को चट्टानी ताक़त दे दी।

सीन–23

एक छोटे कस्बे का पुलिस थाना। थाने के बाहर लोगों की भीड़ है। पुलिस वाले भीड़ पर लाठियाँ बरसा रहे हैं। भीड़ गुस्से में बेकाबू हो जाती है और पुलिस स्टेशन में आग लगा देती है। माहौल अराजक हो गया और भीड़ को नियन्त्रित करना मुश्किल।

वी. ओ. : 5 फरवरी, 1922 ! गोरखपुर के पास एक कस्बा चौरी-चौरा। जंगल में आग की तरह ख़बर फैली कि चौरी-चौरा थाने में कुछ सत्याग्रहियों को पकड़कर बन्द कर दिया गया है। पुलिस के इस जुल्म के खिलाफ थाने के बाहर भीड़ इकट्ठा हो गई जो कि बेकाबू होती जा रही थी। इसे देखकर पुलिस बौखला गई और कुछ लोगों पर लाठियाँ बरसानी शुरू कर दीं। फिर क्या था। आगबबूला जनता ने थाने को घेर लिया और पुलिस स्टेशन में आग लगा दी। इस अग्निकाण्ड में लगभग 22 पुलिसकर्मी जल गए। इस घटना के बाद गाँधी जी ने देश-भक्तों से कहा कि

जो अग्निकाण्ड हुआ, वह ग़लत है! हिंसा का रास्ता हमारा नहीं है! हमें अहिंसा के रास्ते पर चलकर ही अपनी आजादी के लक्ष्य को हासिल करना है।

एंकर

इसी बीच काशी विद्यापीठ की स्थापना हो गई थी ताकि जिन छात्रों ने स्कूल और कॉलेजों को छोड़कर आन्दोलन में भाग लिया था, उनकी पढ़ाई पूरी हो सके।

सीन—24

काशी विद्यापीठ। कुछ छात्र जमा हैं। लाल बहादुर भी उनमें हैं। सबके बीच बहस जारी है।

छात्र—1 : गाँधीजी के इस फैसले से मुझे नहीं लगता कि हम इतनी जल्द आजाद हो पाएँगे। सत्याग्रह आन्दोलन रोककर उन्होंने ठीक नहीं किया।

छात्र—2 : पण्डित मोतीलाल भी गाँधी जी के इस फैसले से सहमत नहीं हैं। सुना है उन्होंने स्वराज पार्टी नाम से अपनी एक अलग पार्टी बना ली है।

छात्र—3 : खबर ये भी है कि चितरंजनदास अपने साथियों समेत इसी पार्टी में शामिल होने वाले हैं।

छात्र—1 : ऐसे में काँग्रेस का क्या होगा? सरकार ने गाँधी जी को गिरफ्तार कर लिया है। बापू तो जेल में हैं।

लाल बहादुर अमूमन ऐसी बहसों के बीच खामोश ही रहते हैं। अब भी सबकी बातों को गौर से सुन रहे हैं।

छात्र—2 : तुम चुप क्यों हो लाल बहादुर, कुछ बोलते क्यों नहीं।

लाल बहादुर : आजादी के लिए हिंसा का रास्ता मुझे तो उचित नहीं

जान पड़ता दोस्तो। गाँधी जी का फैसला बिल्कुल सही है। सोचो कि यदि हम हिंसक आन्दोलन चलाते हैं तो क्या उसे कुचलने के लिए बर्तानवी हुकूमत के पास ताकत और हथियार नहीं है? क्या वो हमारी हिंसा का जवाब खूनखराबे से नहीं दे सकते? फिर क्या होगा, ज़रा सोचो। उनके पास सब कुछ है लेकिन हमारे पास कुछ भी नहीं। हम उनके सामने निहत्थे हैं। इसलिए मित्रो, हमें एकजुट रहने की ज्यादा जरूरत है।

छात्र–3 : तुम्हारी बातें हैं तो सही लेकिन....

लाल बहादुर : लेकिन क्या, इतनी जल्दी हार मान लेने से कोई व्यक्ति अपने मक़सद में कामयाब हो सकता है? सच्चाई की जीत बड़ी मुश्किल से होती है।

छात्र–4 : यार तू तो बिल्कुल गाँधीजी की तरह बोल रहा है।

छात्र–5 : काँग्रेस पार्टी में तो दरार पड़ गई....अब आन्दोलन कैसे चलेगा?

लाल बहादुर : अरे....मोतीलाल नेहरू और गाँधी जी की विचारधारा कोई अलग थोड़े ही है। सारी पार्टियों और सारे आन्दोलनों का एक ही मक़सद है–आज़ादी।

छात्र–1 : *(मजाकिया लहजे में)* ओ हो! लाल बहादुर तुम तो ऐसे बोल रहे हो जैसे गाँधीजी तुम्हारे भीतर समा गए हों।

कट।

एंकर :

और यह सच्चाई थी! लाल बहादुर ने गाँधी जी के आदर्शों को

आत्मसात कर लिया था! और उनकी आस्था ही उनकी अपार शक्ति का स्रोत बनी रही.....बहरहाल....काशी विद्यापीठ से शास्त्री की उपाधि लेकर वे उत्तीर्ण हुए और लाला लाजपतराय की स्वयंसेवी संस्था सर्वेन्ट्स ऑफ पीपुल सोसाइटी की उन्होंने आजीवन सदस्यता ले ली। इससे सात रुपए माहवार का आसरा भी हो गया। ऐसे में एक दिन वो अपनी माताजी को लेकर एक रिश्तेदार के देहान्त पर मिर्जापुर पहुँचे....आगे की कहानी कुछ काट छाँट कर हम आपको ललिता जी के शब्दों में पेश करेंगे...ललिता जी, यानी आगे चलकर जो उनकी जीवन संगिनी और पत्नी बनीं—ललिता शास्त्री।

सीन—25

मिर्जापुर शहर। एक सँकरी गली में किसी मकान के बाहर बहुत से लोग शोक संतप्त खड़े हैं। यहाँ कोई मर गया है। लोग अफसोस मना रहे थे। लाल बहादुर चुपचाप कुछ दूरी पर खड़े थे।

एफ. वी. ओ.: जिसके यहाँ मृत्यु हुई थी वहाँ बाहर खड़े व्यक्तियों में शास्त्री जी भी थे.....वो चुपचाप एक ओर खड़े थे....हमारे मुँह से अनायास निकल गया....सब लोग तो रो रहे हैं पर दुल्लर बहा *(बहू)* का लड़का नहीं रो रहा है।

टेबल टॉप शॉट्स लाल बहादुर शास्त्री और ललिता शास्त्री।

गीत : मैं तो सदा से तुम्हारी दीवानी......(परवीन सुल्ताना की आवाज में)

एफ. वी. ओ : हमारी माँ को शास्त्री जी पसन्द आ गए लेकिन सास जी उस समय शास्त्री जी की शादी के लिए तैयार नहीं थीं.....

एफ. वी. ओ.: इसी बीच हमने एक रात बड़ा अनोखा सपना देखा.

...हमने देखा कि हम एक रात पूजा के लिए जा रहे हैं, हाथ में एक माला भी है.....

(श्रीमती ललिता शास्त्री का एक भजन)

मेरे राम घनश्याम
तेरे चरणों में लाखों प्रणाम....

एफ. वी. ओ. : जैसे ही हम मन्दिर में घुसने को हुए तो सामने शास्त्री जी दिखाई दिए! वो ठिठक गए। मैं भी ठिठक गई... हमने उनके गले में माला डाल दी....जवाब में उन्होंने भी अपने हाथ से फूलों का गुच्छा हमारे हाथ में पकड़ा दिया....

(ललिता नींद से जागती हैं) ख्वाब से बाहर एक अनजानी खुशी से भरकर अपनी हथेलियाँ सूँघ रही हैं।

कट टू

शादी का एक गीत। ललिता बैठी हुई हैं। उनकी हथेलियों पर मेंहदी लगाई जा रही है। चारों तरफ सखी-सहेलियाँ और परिवार के लोग हैं। हँसी ठट्ठे का माहौल है और गाने की आवाज ऊँची होती है। म्यूजिक इंटरल्यूड्स में कहानी आगे बढ़ती है।

वी. ओ. : ललिता जी की माँ के चाहने पर भी, उनके भाइयों को ये रिश्ता पसन्द नहीं था क्योंकि शास्त्री जी की आमदनी कुछ खास नहीं थी। इस बीच कई लड़के देखे गए लेकिन विधान को जो मंजूर था, वही हुआ। ललिता जी और शास्त्री के विवाह का दिन तय हो गया।

म्यूजिक-शहनाई।

सीन—26

शादी

घर का आँगन। विवाह मण्डप में अग्नि की दूसरी ओर दूल्हा-दुल्हन बैठे हैं। पण्डित जी मन्त्रोच्चारण शुरू करते ही हैं कि लाल बहादुर उन्हें रोकते हैं।

लाल बहादुर : पण्डित जी, शादी मेरी हो रही या आपकी?

पण्डित : ये भी भला कोई पूछने की बात है? ये शादी आप ही की हो रही है लाल बाबू।

लाल बहादुर : तो फिर मन्त्रोच्चारण भी हम ही करेंगे। *(ललिता जी से)* ललिता, जो मैं मन्त्र पढ़ूँ, उसे तुम भी पढ़ो।

शास्त्री जी पढ़ते हैं, ललिता जी भी दुहराती हैं। (कृपया मन्त्रों को फाइनल कीजिए)

एफ. वी. ओ. : उस दिन हमारी जो दुर्दशा हुई थी उसे हम आज भी नहीं भूल सके हैं.....एक तो वैसे ही गर्मी का महीना, फिर कपड़ों और चादर से ढकी होने के कारण और गर्मी बढ़ गई....इसके अलावा शास्त्री जी के साथ-साथ प्रतिज्ञाएँ करना, जो सपने में भी नहीं सोचा था....तब तक ना मालूम एक बर्रैया लहंगे में कैसे

घुस गई.....

(सिक्वेंस खत्म होने तक हम ललिता को अपने पैर के अंगूठे से बैरया को दबाते हुए देखते हैं)

एंकर :

लाल बहादुर शास्त्री और ललिता जी की शादी के बाद, खुद कमला नेहरू की पहल पर, मासूमाँ रामदुलारी देवी ने ललिता जी को स्वदेशी आन्दोलन में हिस्सा लेने की अनुमति दी। पहले-पहल तो ललिता जी को कुछ संकोच-सा महसूस हुआ पर धीरे-धीरे उन्होंने हिम्मत जुटा ली!

सीन–27

स्थान–बाजार

स्वदेशी के समर्थन में आदमी और औरतें धरना दे रहे हैं। नारे लगा रहे हैं–

: विदेशी वस्तुएँ! बहिष्कार करो!

: बहिष्कार करो, बहिष्कार करो!

इस शोर के बीच दो लोग बातचीत कर रहे हैं।

एक आदमी : विदेशी वस्तुएँ हमारी गुलामी का प्रतीक हैं।

दूसरा आदमी : हम आज से ही खादी के कपड़ों का इस्तेमाल करने की कसम खाते हैं।

नारेबाजी का शोर फिर उभर आता है।

कट टू

नारेबाजी नेपथ्य में जारी है।

दुकान पर ललिता जी! दुकान विदेशी घड़ियों वगैरह की है।

ललिता जी : जब तक आप व्यापारी लोग अपनी-अपनी दुकानों से विदेशी चीज़ें बेचना बन्द नहीं करोगे, तब तक आजादी का आन्दोलन सफल नहीं होगा। आप विदेशी माल बेचना बन्द नहीं करोगे तो हम धरना देंगे!

दुकानदार : *(व्यंग्य भरे लहजे में)* आप ठीक कह रही हैं स्वदेशी बहिनजी! हम सबको आपके स्वदेशी आन्दोलन पर अमल करना चाहिए। *(औरों से)*क्यों भई है ना...लेकिन ये तो नहीं हो सकता कि आप हमें उपदेश दें और खुद हाथों में विदेशी चूड़ियाँ पहनें।

ललिता जी का रिएक्शन

उनकी विदेशी चूड़ियाँ–सुहाग का प्रतीक।

वे अचकचाती हैं।

दूकानदार व लोगों का लुक, और हँसी

कलाई में पड़ी चूड़ियाँ

तेज इंटरकट्स–

ललिता जी का असमंजस, फिर उनका दृढ़ निश्चय। वे सुहाग की रक्षा के लिए एक चूड़ी आँचल में छिपाकर सारी चूड़ियाँ वहीं तोड़ देती हैं। नीचे पड़े चूड़ियों के टुकड़े। ललिता जी की कलाई पर छलछलाती खून की एकाध बूँदें। लोगों का ताज्जुब भरा रिएक्शन।

एक : अरे! ताज्जुब....इसने अपने सुहाग की भी परवाह नहीं की....

शास्त्री जी दूर से देखते हैं–गर्व से अपनी पत्नी ललिता शास्त्री को!

नारे–

इन्कलाब! ज़िन्दाबाद!

विदेशी वस्तुएँ! बहिष्कार करो! बहिष्कार करो!

एंकर :

इस तरह ललिता जी के भीतर की स्वदेशी और स्वाधीनता की भावना बलवती होती जा रही थी। दुकानदार की एक बात पर उन्होंने सुहाग की प्रतीक अपनी विदेशी चूड़ियों को तोड़ डाला। लेकिन इस त्याग से भी बड़ा बलिदान उन्होंने एक देशभक्त, आजादी के आन्दोलन के सेनानी की पत्नी के रूप में दिया। आमतौर पर पत्नी को, भारतीय परिवारों की महिलाओं को रोजमर्रा के जिन मुश्किल सवालों, गृहस्थी चलाने और दुख-सुख के साथ-साथ गरीबी से भी जूझना पड़ता है, ललिता जी भी उन पत्नियों-महिलाओं से बिल्कुल अलग नहीं थीं। स्वतन्त्रता संग्राम में शामिल गृहस्थ महिलाओं और त्यागमयी ऐसी पत्नियों की बहुत बड़ी भागीदारी थी! एक खुशहाल गृहस्थी का सपना संजोने वाली ललिता जी को क़दम-क़दम पर तमाम कठिनाइयों का सामना करना पड़ा लेकिन उन्होंने हिम्मत कभी नहीं हारी, क्योंकि त्याग और साहस का माद्दा उनमें कूट-कूटकर भरा था।

गाना : गगरी सँभालो सुन ओ बनवारी (पद्मश्री रीता गांगुली की आवाज में)

यह विरह गीत बीच-बीच में उभरता है और हम लाल बहादुर को बार-बार जेल जाते और लौटते हुए देखते हैं। इंटरकट्स में ललिता अकेली, जूझती, बच्चों को तैयार करती, डाकिए की राह देखती और जेल से आई चिट्ठियों को पढ़ती दिखाई देती हैं। सिक्वेंस

के अन्त में ललिता जेल की सीखचों से दूर खड़ी कुछ सोच रही हैं। जबकि कई दूसरे लोग लाल बहादुर से मिल रहे हैं।

बी. ओ. : ब्याह से लेकर आजादी तक, कुल नौ साल शास्त्री जी ने जेल में बिताए। रावी किनारे खुद पण्डित जवाहर लाल नेहरू ने जब 'पूर्ण स्वराज' का नारा दिया तो शायद उन्हें भी पता नहीं था कि भीड़ में खड़ा एक आदमी किस तरह उनकी प्रतिज्ञा की आग और लौ से प्रज्ज्वलित हो उठा है, और यह कि उस प्रतिज्ञा की गूँज उसके वजूद में पूरी तरह पैबस्त हो गई है।

सीन—28

घर। बिस्तर पर एक लड़की बीमार पड़ी है। ललिता जी उसके माथे पर पट्टियाँ कर रही हैं। डॉक्टर पर्ची लिखकर ललिता जी को थमाता है।

डॉक्टर : ये कुछ दवाइयाँ हैं, इन्हें मँगवा लीजिए। अच्छा नमस्ते! मैं चलता हूँ।

ललिता जी भी डॉक्टर को नमस्ते करती हैं।

कट टू

जेल के अन्दर लाल बहादुर शास्त्री बेटी की बीमारी वाली चिट्ठी पढ़ रहे हैं। इबारत पढ़ते हुए ललिता जी का स्वर–'मंजू बहुत बीमार है पर आप चिन्ता न करें...मैंने डॉक्टर को दिखा दिया है...''

तभी एक सिपाही आता है।

सिपाही : आपको जेलर साहब ने बुलाया है।

शास्त्री जी सिपाही के साथ जेलर के पास पहुँचते हैं।

इंटरकट

जेलर का कक्ष

जेलर : लो, इस हलफनामे पर दस्खत करके तुम अपनी बीमार बेटी को देखने जा सकते हो।

शास्त्री जी शपथ पत्र पढ़ने लगते हैं।

जेलर : इस हलफनामे के मुताबिक तुम इस दौरान किसी पॉलिटिकल आदमी या आन्दोलनकारी से नहीं मिलोगे। बीमार बेटी को देखने के बाद तुम्हें यहीं वापस आ जाना होगा।

शास्त्री जी : मैं इस पर दस्खत नहीं करूँगा। मैं कोई क़ैदी नहीं हूँ। मैंने कोई चोरी नहीं की। मैंने कहीं डाका नहीं डाला। मैं इस देश का सिपाही हूँ, अपने वतन का वफादार नागरिक हूँ।

जेलर का रिएक्शन। शास्त्री जी की बात उसे चुभ जाती है। उसे खुद पर शर्म-सी आती है। शास्त्री जी वापस मुड़ते हैं।

कट

वी. ओ. : शास्त्री के इन शब्दों ने जेलर को झकझोर कर रख दिया। शास्त्री जी का उत्तर सुनकर जेलर की आत्मा पर भी दस्तक पड़ी। जेलर खुद चलकर शास्त्री जी की बैरक में जाता है और बिना शर्त बेटी को देखने जाने की इजाजत देता है। *(साइलेंट)*।

इंटरकट्स में

लालबहादुर शास्त्री अपनी बेटी को देखने गाँव लौट

		रहे हैं। ट्रेन, नाव और फिर बैलगाड़ी। **(गाना : गगरी सम्हाल ओ बनवारी.....फेड इन)**
वी. ओ.	:	घर पहुँचे तो वहाँ बाहर ही भीड़ दिखाई दी। उन्हें समझते देर नहीं लगती। बेटी मंजू अब इस दुनिया में नहीं रही। ललिता जी वहीं एक तरफ मुँह ढककर बैठी थीं। शास्त्री जी पास पहुँचते हैं और उनके काँधे पर हाथ रखते हैं। वह हाथ पकड़कर रोने लगती हैं। शास्त्री जी भी सुबक पड़ते हैं।
वी. ओ.	:	इससे बड़ी विडम्बना और क्या होगी कि जिस बीमार बेटी को शास्त्रीजी देखने आए, आखिरी बार उसका मुँह भी नहीं देख सके। **(गाना : गगरी सँभालो ओ बनवारी)**

एंकर :

सन् 1937 में लाल बहादुर शास्त्री संयुक्त प्रान्त, जिसे अब उत्तर प्रदेश कहा जाता है, उसकी सिराथू सीट से भारी बहुमत के साथ असेंबली के लिए चुने गए। अब वह लोकप्रिय जननेता के तौर पर उभरने लगे। सन् 1942 की अगस्त क्रान्ति तक आते-आते, वैसे तो पूरे देश में पर खासतौर से उत्तर भारत में, लाल बहादुर शास्त्री की शख्सियत एक अहम मुकाम हासिल कर चुकी थी। इसी दौर में जब कई शीर्ष कार्यकर्ता और नेता गिरफ्तार कर लिए गए, लाल बहादुर शास्त्री को भी एक बार फिर जेल की यात्रा करनी पड़ी। पूरे चार साल उन्हें जेल में बिताने पड़े। लेकिन चट्टानी हिम्मत वाले लाल बहादुर शास्त्री हमेशा यही मानते रहे कि अपने ध्येय को पाने के लिए लगन और धीरज ही कठिनाइयों पर विजय दिलाता है।

सीन—29

शास्त्रीय थीम म्यूजिक। शास्त्री जी अलग-अलग जेलों में अलग-अलग किताबें पढ़ते हुए और मैडम क्यूरी की किताब का अनुवाद करते हुए। आसपास मार्क्स, एंगल्स, टालस्टॉय और रूसो वगैरह की किताबें हैं। बीच-बीच में कुछ लिखते हैं जिसमें पत्नी के नाम पत्र भी हैं। जेल के साथियों के साथ बातचीत करते बैठे हैं।

एक : सुना है सुभाषचन्द्र बोस आजाद हिन्द फौज के साथ हिन्दुस्तान की सरहद में पहुँच गए हैं।

दूसरा : अरे उनके पास वो असला कहाँ कि अंग्रेजों को पछाड़ सकें।

शास्त्री : *(किताब पढ़ते हुए)* अंग्रेजों को पछाड़ने के लिए असला नहीं हिम्मत चाहिए। सुभाषचन्द्र बोस में हिम्मत की कोई कमी नहीं।

तीसरा : अरे भाई, काँग्रेस से अलग होकर ऐसा मोर्चा खोलना बेवकूफी नहीं तो क्या है....और फिर हिन्दुस्तान की रहनुमाई के लिए जवाहर लाल नेहरू से बेहतर कौन

हो सकता है!

शास्त्री : आजादी हासिल करने की अलग-अलग सोच और कोशिश में नेहरू जी और सुभाष बोस, दोनों एक दूसरे के पूरक हैं!....दोनों ही स्वराज को असलियत में तब्दील करना चाहते हैं....ऐसे में अगर हम लोग गुटबाजी करेंगे तो ये हमारे आन्दोलन को हानि पहुँचाएगा....क्या आप जानते हैं कि चार पाँच साल पहले जब कमला जी यूरोप में अपनी आखिरी साँसें गिन रही थीं, तो पण्डित जी के साथ कौन था...सिर्फ और सिर्फ सुभाष चन्द्र बोस....दूर स्विट्जरलैण्ड में जब कमला नेहरू का अन्तिम संस्कार हो रहा था, तब नेहरू जी के साथ सिर्फ एक आदमी खड़ा और वो थे बोस....

एंकर :

इस सुलझी हुई सोच-समझ के अनगिनत उदाहरण शास्त्रीजी की जिन्दगी में बिखरे पड़े हैं.....चूँकि उन दिनों इलाहाबाद में रहते थे, जाहिर है कि आनन्द भवन में उनका आना जाना था....नेहरू जी और राजर्षि पुरुषोत्तम दास टण्डन के वैचारिक मतभेदों में भी शास्त्री जी एक पुलिया का सा किरदार निभाते थे...

सीन—30

शास्त्री जी की कई तस्वीरों के टेबल टॉप विजुअल्स राष्ट्रपति भवन और संसद भवन के जगमगाते शॉट्स पर डिजाल्व। नेहरू जी की मशहूर स्पीच 'ट्रिस्ट विथ डेस्टिनी' कई पुराने रेडियो सेट्स पर सुनाई देती है। (फिल्म्स डिवीजन की ब्लैक एंड व्हाईट क्लिप्स जिसमें पहले आम चुनाव दर्ज हैं।)

वी. ओ. : सन् 1952 में देश में पहला आम चुनाव हुआ। चुनावों की तैयारी के सिलसिले में पण्डित जवाहरलाल नेहरू, लाल बहादुर शास्त्री को काँग्रेस के जनरल सैक्रेटरी के रूप में अपने साथ ले आए....चुनावों में शास्त्री जी की कर्मठता से पण्डित नेहरू बेहद प्रभावित हुए। अपने मुल्क को सँवारने का जो ख्वाब उन्होंने देखा था, उसे साकार करने के लिए उन्हें शास्त्री जी जैसा सहयोगी और भरोसेमन्द साथी मिल गया था।

(शास्त्रीय थीम म्यूज़िक)

वी. ओ. : सन् 1947! भारत आजाद हुआ। अपनी सरकार बनी, लेकिन मुल्क तकसीम हो चुका था, लाखों लोगों

की अदला-बदली का दौर था। जाहिर है कि रेल सेवा पर इसका जबरदस्त असर पड़ा था। शास्त्री जी को रेल मन्त्रालय सौंपा गया। ऐसे में, मुसीबतजदा जनता की अदला-बदली के मुश्किल दौर में, एक बार फिर शास्त्री जी की कर्मठता, सादगी, सच्चाई, ईमानदारी और जिम्मेदारी की बहुतेरी आदर्शपूर्ण मिसालें सुनाई देने लगीं।

सीन—31

रेल का डिब्बा

लाल बहादुर शास्त्री और ललिता जी डिब्बे में सवार होते हैं। साथ में पी. ए. भी है।

शास्त्री जी : *(पी. ए. से)* बाहर तो काफी गर्मी लग रही थी, अंदर इतनी ठंडक क्यों है?

पी. ए. : सर, डिब्बे में आपके लिए कूलर लगाया गया है।

शास्त्री जी के माथे पर तनाव की रेखा।

शास्त्री जी : कूलर! हमारे डिब्बे में कूलर! इसकी ज़रूरत क्या थी? मैं जनता का सेवक हूँ, रेलमन्त्री हूँ—कोई शहंशाह नहीं। जनता ने मुझे चुना है इसलिए नहीं कि खुद तो मैं फर्स्ट क्लास और इस कूलर वाले डिब्बे में सफ़र करूँ और जनता बेचारी धूल और गर्मी से बेहाल हो। यह गलत बात है!

पी. ए. सहमकर रह जाता है। कोई उत्तर नहीं दे पाता।

शास्त्री जी : ये कूलर मुझे सिर पर बोझ की तरह लग रहा है। इससे मुझे ठण्डक नहीं पहुँच रही, बल्कि मेरी आत्मा जल

रही है।

इतने में मथुरा स्टेशन पर जब गाड़ी रुकती है तो कूलर उतार दिया जाता है। गाड़ी चल पड़ती है। शास्त्री जी के चेहरे पर राहत के चिन्ह।

कट।

सीन—32

मुगलसराय का रेलवे प्लेटफॉर्म। सैकड़ों लोग रेलमंत्री के स्वागत में खड़े हैं। रेलमन्त्री लाल बहादुर शास्त्री अपने कूपे से बाहर आते हैं। लोगों का अभिवादन स्वीकार करते हैं। तभी भीड़ में कहीं पीछे खड़े एक आदमी पर उनकी नजर पड़ती है। भीड़ को चीरते हुए रेलमंत्री उस आदमी की तरफ बढ़ते हैं और पास पहुँचकर उसके पैर छू लेते हैं।

वी. ओ. : शास्त्री जी की याददाश्त विलक्षण थी। कोई चालीस साल बाद भी उन्होंने बचपन के दिनों के एक माली को पहचान लिया।

इंटरकट

भीड़ में माली की ओर जाते शास्त्री जी।

चालीस बरस कम नहीं होते। माली के बाल पक गए थे, चेहरे पर झुर्रियाँ पड़ गई थीं। फिर भी शास्त्री जी की आँखों ने ज़रा भी धोखा नहीं खाया। बचपन

के इस माली को देखने के बाद उन्हें अपने स्कूल के दिन याद आ गए। लोगों को क्या पता कि शास्त्री जी ने इस माली से कौन-सा अहम पाठ पढ़ा था। शास्त्री जी को वो वाकया याद आने लगा। शास्त्री जी का याद भरा लुक!

फ्लैश बैक

तीसरी कक्षा में पढ़ने वाला लाल बहादुर दोस्तों के साथ स्कूल जा रहा था। रास्ते में आम के बगीचे में सभी रुक गए और आम पर निशाना लगाने लगे। लाल बहादुर भी निशाना लगाता है। कुछ आम नीचे भी गिर आते हैं। इसी बीच माली आ जाता है। माली को आता देखकर बच्चे भाग जाते हैं, लेकिन लाल बहादुर वहीं खड़ा रह जाता है। वह डरा और सहमा हुआ है, माली उसके कान पकड़ता है और नाराज होता है।

माली : बोल तूने आम क्यों तोड़े?

लाल बहादुर : मैंने ये आम नहीं तोड़े। उन लड़कों ने तोड़े हैं।

माली : झूठ बोलता है। *(फिर कान उमेठता है।)*

लाल बहादुर : *(रुआँसा होकर)* मैंने बस एक ढेला मारा था। सच्ची कह रहा हूँ।

(वह रोने लगता है। माली को दया आती है।)

माली : एक ही सही, मारा तो था....क्या नाम है तुम्हारा?

लाल बहादुर : लाल बहादुर।

माली : स्कूली नहीं, घर का नाम?

लाल बहादुर : नन्हें!

माली : नन्हें.....किसके बेटे हो?

लाल बहादुर : मेरे पिताजी अब इस दुनिया में नहीं हैं।

माली का दिल पसीजता है।

माली : क्या!.....पिताजी नहीं हैं। फिर तो तुमने और बड़ी गलती की है...जिसके पिताजी नहीं होते बच्चे, उसके सिर पर बड़ी जवाबदेही होती है। बेटे, उसे तो हर हाल में सच्ची बात बोलना चाहिए।

लाल बहादुर अपने आँसू पोंछता है।

माली : फिर, तुम तो भले घर के दिखते हो। भले घर के बच्चे भला ऐसे गन्दे काम करते हैं। जिन्दगी में कभी ऐसा काम मत करना जो ग़लत हो, जिसके लिए झूठ बोलना पड़े। समझे!

लाल बहादुर : हाँ, माली काका! समझ गया......

बच्चे लाल बहादुर की आँसू भरी आँखें।

फ्लैश बैक टूटता है।

रेलमन्त्री शास्त्री भीड़ को चीरते जाते हैं और उस बूढ़े माली के पैर छूते हैं।

पीछे–फूल फेंके जा रहे हैं और नारे–

रेलमन्त्री! लाल बहादुर शास्त्री!

ज़िन्दाबाद.....ज़िन्दाबाद!

लाल बहादुर शास्त्री का!

अपने नगर में स्वागत है! स्वागत है!

सब उन्हें पैर छूते देखकर चौंकते हैं–

माली : अरे रेलमन्तरी जी.....ये क्या करते हो....*(उन्हें बाँहों से पकड़ता है)*

लाल बहादुर : आपने पहचाना नहीं?

माली का भौंचक्का लुक

लालबहादुर : मैं रेलमन्त्री लाल बहादुर शास्त्री नहीं....आपका नन्हें हूँ......नन्हें....

फ्लैश बेक का फ्लैश रिपीट होता है

('नन्हें' नाम वाला)

फ्लैश कट होता है।

पीछे और ज़ोर से नारे लगते हैं–

अपने बनारस के नन्हें बाबू!

अमर रहें! अमर रहें!

अपने नन्हें बाबू!

ज़िन्दाबाद!.....ज़िन्दाबाद!

(शास्त्रीय थीम म्यूजिक उभरता है)

सीन—33

भागती ट्रेनों के कट्स–सिगनल, सीटी, दौड़ती ट्रेनें। तभी एक भयानक ट्रेन दुर्घटना होती है। ट्रेनें टकराने का भयानक शोर।

वी. ओ. : नवंबर 1956! दक्षिण भारत के अरियालूर में दो यात्री ट्रेनें आमने-सामने टकरा गईं। जान-माल का भयानक नुकसान हुआ....दिल दहला देने वाली मौतें, घायलों की आहें....कराहें....कोई डेढ़ सौ लोग मारे गए और सैकड़ों घायल हुए।

सीन—34

घर का कमरा/रात

शास्त्री जी और ललिता जी। दोनों परेशान। शास्त्री जी के हाथ में त्यागपत्र वाला कागज। वे जैसे अपने त्यागपत्र को एक बार फिर देखते हैं। मन में एक पक्का इरादा करते हैं। फिर देखते हैं, पढ़ते हैं, बैठते हैं, फिर उठकर परेशान से टहलने लगते हैं। ललिता जी बार-बार उन्हें देखती हैं। शास्त्री जी शून्य में देखते हैं।

ललिता जी : सुनिए....आपकी अन्तर-आत्मा आपको सोने नहीं दे रही है....इस्तीफा आपने लिखा है, इसे दे दीजिए!

एंकर :

रेल दुर्घटना की नैतिक जिम्मेदारी लेते हुए लाल बहादुर शास्त्री ने अपने पद से इस्तीफा दे दिया....खुद पण्डित नेहरू ने शास्त्री जी को समझाया कि वे अपना इस्तीफा वापस ले लें। शास्त्री जी अपने

फैसले पर अडिग रहे...इस्तीफा तो मंजूर हो गया पर पण्डित जी ने कहा–

पण्डित नेहरू और शास्त्री जी की सामूहिक तस्वीर के साथ डिजॉल्व।

जी एफ एक्स

पण्डित नेहरू ने कहा–

“ न सिर्फ सरकार में बल्कि उसके बाहर भी उनको अपने साथी के रूप में पाना मेरे लिए खुशकिस्मती और गर्व की बात है...। उनसे बेहतर सहयोगी की अपेक्षा ही नहीं की जा सकती....। वह एक सत्यनिष्ठ, वफ़ादार और आदर्शवादी व्यक्ति हैं....। विवेक के धनी और कर्मपरायण।”

सीन—35

पन्त जी की बीमारी

एक आदमी बीमार पड़ा है। उसके इर्द-गिर्द कई नेतानुमा लोग इकट्ठा हैं। लाल बहादुर शास्त्री भी वहीं हैं। जैसे ही नेहरू जी आते हैं, सब लोग उनके आने की जगह बनाते हैं। नेहरू जी बीमार आदमी (गोविन्द बल्लभ पन्त) के पास बैठ जाते हैं। नेहरू जी पन्त जी का माथा छूते हैं। पन्त जी आँखें खोलते हैं और फिर बन्द कर लेते हैं। पन्त जी के पैंताने शास्त्री जी खड़े सब कुछ देख रहे हैं।

अगले ही पल हम पण्डित नेहरू और लाल बहादुर शास्त्री को एक चिर परिचित मुद्रा में खड़े देखते हैं जिसमें नेहरू जी का हाथ शास्त्री जी के कन्धों पर है।

वी. ओ. : दिसम्बर 1961.....भारत के गृहमन्त्री गोविन्द वल्लभ पन्त सख्त बीमार थे......स्वतन्त्रता संग्राम और उसके बाद, राष्ट्र निर्माण के कई मोर्चों पर उन्होंने अपने अजीज दोस्त जवाहरलाल का बखूबी साथ निभाया

था....शास्त्री जी भी, मानो एक साए की तरह पन्त जी के साथ रहे थे....इसलिए जवाहर लाल नेहरू ने ये मंसूबा बनाया कि बीमारी के दौरान पन्त जी का कार्यभार शास्त्री जी संभाल लें। नेहरू जी विलायत रवाना हो गए और उनके पीछे गृहमन्त्री पण्डित गोविन्द वल्लभ पन्त का निधन हो गया......तब शास्त्री जी को कार्यवाहक की जगह पूरे तौर पर भारत का गृह मन्त्री बनाया गया।

एंकर :

उस वक्त देश शायद अपने सबसे कठिन दौर से गुजर रहा था...चीन के विश्वासघाती हमले से भारत मानो पस्त था....सियासी रस्साकशी के चलते तरह-तरह के सवाल उठ रहे थे, संगठन कमजोर पड़ रहा था। चुनाव नजदीक थे। ऐसे में पार्टी अध्यक्ष के. कामराज ने एक योजना लागू की। कामराज योजना के नाम से मशहूर इस योजना के मुताबिक, पार्टी के ऊँचे पदों के नेताओं से अपील की गई कि वे सभी लोग संगठन को मजबूत बनाने के लिए, व्यक्तिगत इच्छाओं का त्याग करते हुए, अपने-अपने पदों से इस्तीफे दे दें। लाल बहादुर शास्त्री ने आगे बढ़कर पार्टी और देश हित में अपना इस्तीफा सबसे पहले पेश कर दिया।

सीन—36

एक बार फिर लाल बहादुर शास्त्री काँग्रेस पार्टी के कामों में जुट गए... किसी घुमक्कड़ सन्त की तरह पार्टी का प्रचार और प्रसार करने में पूरी तरह रम गए....बड़े-बड़े मन्त्रित्व के कार्यभार सँभालने के बाद भी रहन-सहन की सादगी ज्यों की त्यों बनी रही....हालाँकि इसी दौरान वे एक हार्ट अटैक का शिकार हो चुके थे। लेकिन पार्टी के काम के लिए उनकी व्यस्तताएँ और यात्राएँ बदस्तूर जारी थीं।

ललिता जी कमरे में आती हैं तो शास्त्री जी अपना सामान बाँध रहे हैं।

रेलवे स्टेशन पर उतरकर दोनों साथ-साथ बाहर आते हैं। बदलते हुए कोणों से हम शास्त्री जी के पार्टी के लोगों से मिलते, कार्यालय में काम करते और शास्त्री जी तथा ललिता जी को यात्रा करते हुए देखते हैं। (यह पूरा अंश वी ओ में भी जा सकता है।)

शास्त्रीय थीम म्यूजिक धीरे-धीरे तेज होता है।

एंकर :

नेहरू जी लाल बहादुर शास्त्री को हमेशा अपने करीब चाहते थे।

इधर कुछ समय से उनकी अपनी तबीयत खराब रहने लगी थी..... इसलिए लाल बहादुर शास्त्री को वह फिर से बिना विभाग का मन्त्री बनाकर अपने साथ ले आए।

अलग-अलग कैमरा एंगल्स से हम लाल बहादुर शास्त्री और पण्डित नेहरू को साथ-साथ काम करते, टहलते बातचीत करते और आराम करते हुए देखते हैं। ये छवियाँ हमें दोनों नेताओं के बीच आपसी विश्वास और परस्पर सम्मान की सूचना देती हैं।

वी. ओ. : लेकिन होनी को कौन टाल सकता है.....और आ पहुँचा वो मनहूस दिन—भारत के प्रधानमन्त्री जवाहरलाल नेहरू का देहावसान 27 मई 1964 को हो गया। आजादी की लड़ाई का वो सबसे बड़ा नायक.....आधुनिक भारत का स्वप्नदर्शी, विश्व शान्ति और मैत्री का मसीहा, एक विराट रचनाकार व्यक्तित्व हमेशा-हमेशा के लिए एक गहरी नींद में सो गया। समूचे देश में इस आहत कर देने वाली खबर से मुर्दनी छा गई और तब पूरे देश के जन-जन के मन और जुबान पर एक ही सवाल था.....ऑफ्टर नेहरू हूँ? नेहरू के बाद कौन?

सीन—37

एंकर :

2 जून 1964! संसद के दोनों सदनों के कोई 500 से भी ज्यादा सदस्य अपने नए नेता के चुनाव के लिए इकट्ठा हुए। हॉल में तिल रखने की भी जगह नहीं बची। उमस भरी गर्मी में जगह-जगह घूमते पंखे भी गर्म हवा ही छोड़ रहे थे। पार्टी अध्यक्ष के. कामराज भाषण देने के लिए खड़े हुए। कामराज के भाषण के बाद कार्यवाहक प्रधानमन्त्री गुलजारी लाल नन्दा ने काँग्रेस संसदीय दल के नेता पद के लिए लाल बहादुर शास्त्री का नाम प्रस्तावित किया। प्रस्ताव का अनुमोदन मोरारजी देसाई ने किया! इस तरह लोकतान्त्रिक प्रक्रिया की मर्यादा और शिष्टाचार के साथ लाल बहादुर शास्त्री देश के दूसरे प्रधानमन्त्री चुन लिए गए।

कट टू

कुछ लोग एक रेडियो सेट के इर्द-गिर्द इकट्ठा हैं और खबरें सुन रहे हैं।

न्यूज रीडर : की आवाज़ राष्ट्रपति ने आज श्री लाल बहादुर शास्त्री को भारत के दूसरे प्रधानमन्त्री पद के लिए पद और गोपनीयता की शपथ दिलाई।

राष्ट्रपति के साथ लाल बहादुर शास्त्री शपथ लेते हुए।
(टेबल टॉप रिक्रिएशन)

एंकर :

एक बहुत ही सहज, सीधे-सादे, छोटे कद के कद्दावर इन्सान ने दुनिया के सबसे बड़े लोकतन्त्र की जिम्मेदारी अपने कन्धों पर उठा ली। लाल बहादुर शास्त्री को दुनिया ने देखा और तब जाना।

सीन—38

लाल बहादुर अपने कपड़े तह कर रहे हैं। एक कुर्ता है जिसकी कुहनी घिस-घिसकर फट गई है। वो उस कुर्ते को भी तह करके रखते हैं। ललिता जी बड़े स्नेह से उन्हें देखती हैं।

वी. ओ. : शास्त्री जी को यह कपड़े सहेजकर रखने हैं। सर्दियों में कोट के नीचे यही कपड़े पहनेंगे शास्त्री जी। क्या फटा और क्या पुराना....कोट के नीचे तो सब छुप जाता है और फिर सर्दी से बचाव भर ही तो चाहिए। हाँ, टोपियाँ जरूर एक से अधिक होनी चाहिए, वो भी सफेद खादी से बनी हुई। आखिर यही टोपी तो उनकी माँ ने उन्हें एक दिन दी थी। *(फ्लैश सीन—22)* से यही टोपी उनका सिर जो ऊँचा रखती है।

एंकर :

उस टोपी की पवित्रता का करिश्मा कहिए कि शास्त्रीजी ने जीवन में हमेशा देशहित और गरीबों के हित में ही लगातार काम किया, क्योंकि

वे स्वयं भारत के एक आम आदमी थे। वे लोभ-लालच और व्यक्तिगत स्वार्थ से बहुत ऊपर थे। उन्होंने अपने उसूलों से कभी कोई समझौता नहीं किया। ज़मीर पर कभी सुविधाओं को हावी नहीं होने दिया। इससे बड़ी और मिसाल क्या होगी! इस कार को देखिए, इसे शास्त्री जी ने तब बैंक से कर्ज लेकर खरीदा था, जब वो भारत के प्रधानमन्त्री थे। वे प्रधानमन्त्री होते हुए भी बैंक की मामूली किस्तें भी न चुका पाए और ताशकंद समझौते पर दस्तखत करने के बाद एकाएक चल बसे! अपनी सादगी और ईमानदारी की मिसालें छोड़कर।

क्यू क्यू

ये कार है जिसकी बची हुई किश्तें हमारी माँ ने शास्त्री जी के देहान्त के बाद चुकाईं।

कट टू

घर। लाल बहादुर झुक कर अपनी माँ के पैर छूते हैं।

माँ : *(बेटे के सिर पर हाथ फेरते हुए)* बेटा, जान जाए तो चली जाए लेकिन देश बना रहे और याद रखो कोई ऐसा काम नहीं करना जिसमें ग़रीब को तकलीफ हो।

वी. ओ. : गरीबी से हमेशा जूझती रही माँ आखिर गरीबी के अभिशाप को कैसे भूल सकती थी! लाल बहादुर शास्त्री को भी अपनी मुफलिसी और मुश्किलों के दिन कभी भूले नहीं थे।

(उनके संघर्षशील अतीत के कुछ तेज़ भागते हुए

प्रासंगिक दृश्य)

(Some relevent quick images of their struggling past)

एंकर :

ख़ासतौर पर ग़रीबों के लिए, आम आदमी और ज़मीन से जुड़े किसानों के लिए ये गौरव का एक अहम पल था कि उन्हीं के बीच से उठा हुआ एक साधारण आदमी उनके देश का प्रधानमन्त्री था। प्रधानमन्त्री के तौर पर लाल बहादुर शास्त्री का लक्ष्य था कि आम जनता की ज़रूरतें पूरी हों और भारत एक आत्मनिर्भर राष्ट्र बनें। उन्होंने प्रधानमन्त्री बनने के फौरन बाद ये साफ कर दिया कि वो देश में व्यावहारिक समाजवाद चाहते हैं। शास्त्री जी एक भावपूर्ण वक्ता और जन-नेता थे! उनके भाषणों और बयानों से ईमानदारी भी और ज्यादा ईमानदार लगने लगती थी!

लाल बहादुर शास्त्री की स्पीच

...हम रहें या न रहें ये देश रहेगा...

वी. ओ. : प्रधानमंत्री के पद को शास्त्री जी ने हमेशा देश की सेवा करने का अवसर माना। यों प्रधानमंत्री बनने से पहले भी वो देश की सेवा ही तो कर रहे थे। हाँ, यह ज़रूर था कि अब ज़िम्मेदारियाँ दोहरी होकर उनके कंधों पर सवार थीं। अब उनके लिए न दिन दिन था और न रात रात।

सीन—39

लाल बहादुर शास्त्री यात्राएँ करते, लोगों से मिलते, अपने दफ्तर में फाइलें देखते, मीटिंग्स लेते, अखबार पढ़ते, फोन सुनते और कुछ लिखते हुए।

वी. ओ. : सन् 1964 का साल खत्म होते-होते देश में अनाज की कमी दिखाई देने लगी। बढ़ती कीमतों ने लोगों का हाल बेहाल कर दिया। प्रतापगढ़ के रामसनेही ने गल्ले की दुकान के बाहर खड़े होकर अपनी जेब से पैसे निकाल कर गिने और खाली थैला लिए घर लौट पड़े....उस शाम उनके घर चूल्हा नहीं जल सका।

कट टू पी एम हाउस

वी. ओ. : उस रात लाल बहादुर शास्त्री खाने की मेज़ से बस एक गिलास पानी पीकर उठ गए। उस रात वो मुश्किल से सोए होंगे।
(विजुअल पर वी. ओ.)

सीन–40

दिन का समय

मीटिंग टेबुल पर अफ़सरों के साथ मीटिंग करते हुए।

शास्त्री जी : हमें अन्न की कमी और इस अकाल से मुकाबला करना है। इतना बड़ा यह देश है। इस देश की धरती दुनिया के किसी भी देश की मिट्टी से अधिक उपजाऊ है। फिर भी हम अनाज के संकट से जूझ रहे हैं। (रिएक्शन) ये हमारे लिए बड़े शर्म की बात है। विदेशी अनाज हमारा पेट भरे, यह हमारा और हमारे देश का अपमान है। (रिएक्शन) आज फिर एक और इंकलाब की जरूरत आन पड़ी है देश के सामने। हमें इससे मुक़ाबला करना है। मैं आज और अभी ये प्रण लेता हूँ कि मैं और मेरा परिवार हरेक सोमवार को उपवास रखेगा। आखिर हफ्ते में एक दिन न खाने से कोई मर नहीं जाएगा।

वी. ओ. : और इस तरह लाल बहादुर शास्त्री ने देश में किसान क्रान्ति की उद्घोषणा कर दी और देश की जनता की जज्बाती पहल देखिए—देश के छोटे-बड़े

गरीब-अमीर, यहाँ तक कि जिन्हें भरपेट खाना तब नसीब नहीं था—सबने शास्त्री जी की भावनाओं को सिर आँखों पर लिया। देखते-देखते पूरा देश हर सोमवार को उपवास रखने लगा। यहाँ तक कि होटलों के बाहर बोर्ड लगा दिए गए कि सोमवार को भोजन नहीं मिलेगा....और तो और जब प्रधानमन्त्री ने अपने प्रधानमन्त्री निवास के पिछवाड़े की ज़मीन पर खुद ही हल चलाना शुरू कर दिया तो देशवासियों ने भी अपने-अपने घरों के आस-पास खाली ज़मीन पर सब्जियाँ उगाना और खेती करना शुरू कर दिया। इसी वक्त भारत की 'गुदड़ी के इस लाल', लाल बहादुर शास्त्री ने 'जय जवान जय किसान' का ऐतिहासिक नारा दिया! 10 अक्टूबर 1965 लाल बहादुर शास्त्री ने राष्ट्र के नाम सन्देश में कहा—अपनी आज़ादी की रक्षा और देश की सुरक्षा में आत्मनिर्भर होने जितना ही जरूरी है कि हम खाद्यान्न के मामले में भी आत्मनिर्भर बनें। हमारा दूरगामी लक्ष्य होना चाहिए कि हम एक स्वस्थ और मजबूत राष्ट्र के निर्माण के लिए अपनी रोटी खुद पैदा करें। खाने के लिए विदेशियों का मुँह ताकना हमारी अर्थव्यवस्था के लिए ही बुरा नहीं है बल्कि इससे हमारा आत्मसम्मान और आत्मविश्वास दोनों ही जाते रहते हैं। इसलिए हमें अपने पैरों पर खड़ा होना होगा और इसके लिए शुरुआत आज बल्कि अभी करनी होगी। खाद्यान्न का सवाल उतना ही अहम है जितना कि देश की प्रतिष्ठा का!

वी. ओ. : देश की आर्थिक हालात बिगड़ रहे थे। भाव चढ़ रहे थे, कर का बोझ बढ़ रहा था। ऐसे में देश के भीतर अलगाववादी ताकतों को भी सिर उठाने के मौके मिलने लगे और उधर देश के बाहर दुश्मन घात में बैठा था।

वी. ओ. : तभी पाकिस्तान ने हमला किया! सन् 1965 के अप्रैल महीने में भारत-पाकिस्तान सीमा और कच्छ के रन वाले इलाके में जबर्दस्त घमासान युद्ध हुआ। भारत के हाथों से कंजरकोट निकल गया और पाकिस्तानी जनरल अयूब खाँ ने जोश में आकर कश्मीर में भी मोर्चा खोल दिया।

एंकर :

पाकिस्तान ने भारत के स्वाभिमान को ललकारने की कोशिश की। गाँधी जी की ही तरह शास्त्री भी भारत-पाक दोस्ती के हिमायती थे। पाकिस्तान के प्रति उनकी भावनाएँ ओछी या छोटी नहीं थीं! लेकिन ऐसे मौकों पर वे बड़े देशाभिमानी भी थे। वे साहस की जीती-जागती मिसाल थे। उन्होंने वक़्त रहते पाकिस्तान को सावधान किया!

लाल बहादुर शास्त्री की स्पीच ऑरिजनल

"हम ईंट का जवाब पत्थर से देंगे।

"सबसे पहले तो ये साफ हो जाना चाहिए कि भारत नहीं चाहता कि पड़ोसी देशों के साथ रिश्ते खराब हों लेकिन अगर पाकिस्तान कच्छ सीमा पर अपने हमलों से बाज़ न आया तो हम फौज को आज़ाद छोड़ देंगे ताकि वो जिस तरह भी ठीक समझे मामले को निपटाए।"

वी. ओ. : सितम्बर 1965 तक सीमा पर जंग के बादल गहरा

चुके थे। 6 सितम्बर 1965! भारतीय सेना तीन दस्ते, तीन दिशाओं में अन्तर्राष्ट्रीय सीमा पार कर के पश्चिमी पंजाब में घुस पड़े। छम्ब में पाकिस्तानी हमले को नाकाम करने का यह बेहद जरूरी कदम था। सेना के हौसले बुलन्द थे।

किसी ने सोचा भी न था कि एक साधारण दिखनेवाला, अहिंसा का पुजारी ऐसे फौलादी फैसले लेगा। तीन हफ्तों के भीतर सेना ने लाहौर और सियालकोट को घेर लिया। एक थोपी गई लड़ाई का मुँहतोड़ जवाब देकर प्रधानमन्त्री लाल बहादुर शास्त्री ने देश को नई ऊर्जा से भर दिया।

एंकर :

22 सितम्बर 1965! संयुक्त राष्ट्र संघ और खासतौर से सोवियत संघ की पहल पर दोनों देशों के बीच युद्ध विराम की घोषणा की गई। मित्र देश सोवियत संघ के प्रधानमन्त्री कोसीजिन ने दोनों देशों के नेताओं को बातचीत के लिए बुलाया। आपसी बातचीत और समझौते के लिए जगह तय की गई—ताशकन्द।

सीन—41

ताशकन्द में मीटिंग का वो कमरा जहाँ दोनों नेताओं ने आपसी सम्बन्ध सुधारने के बारे में एक समझौते पर दस्तखत किए।

कट टू

ताशकन्द के अपने कमरे में प्रधानमन्त्री लाल बहादुर शास्त्री बिस्तर पर बैठते हैं रिलैक्स होने के मूड में, हाथ से घड़ी उतारकर मेज पर रखते हैं। वहीं पी. ए. खड़ा है, वह बार-बार भारत फोन मिलाता है, पर नहीं मिलता।

पी. ए. : सर! इण्डिया की लाइन मिल नहीं रही है.....

शास्त्री जी : अब आप जाइए....बहुत देर हो गई है। मैं देख लूँगा...
पी. ए. जाता है। वे दो-तीन बार भारत फोन मिलाने की कोशिश करते हैं। बात न होने पर बिस्तर पर लेट जाते हैं। करवटें बदलते हैं उठते हैं और डायरी में लिखते हैं–
'झीनी झीनी बीनी चदरिया.....'
(डायरी का खुला पन्ना...शॉट फ्रीज़ होता है)

वी. ओ. : न जाने इसी वक्त शास्त्री जी को कबीर के ये महान शब्द कैसे याद आए। न जाने कैसा संयोग था कि दुनिया जब इस चमत्कारी शख्सियत के हैरतअंगेज़ कारनामों पर चर्चा कर रही थी, उसी वक़्त उन्होंने आँखें मूँद लीं। शास्त्री जी ने अपनी लम्बी, साहसी, त्याग और तपस्या से भरी बेदाग़ जीवन-यात्रा को यहीं विराम दे दिया और निकल पड़े एक दूसरी अनन्त यात्रा पर। छोड़ गए अपने पीछे उस बुलन्द इरादों वाली विरासत को....कि इन्सान हर उस काम को कर सकता है, जिसे वो दिल और दिमाग़ से सचमुच करना चाहता है। गाँधी जी के जीवन मूल्यों को अमली जामा पहनाने वाले लाल बहादुर शास्त्री ने लाखों लाख देशवासियों के भीतर इस आत्मविश्वास को भर दिया कि एक साधारण आदमी भी अपनी ईमानदारी, मेहनत और पाक साफ लगन के बल पर असाधारण ऊँचाइयों को छू सकता है। ऐसी शख्सियत को शत शत प्रणाम!

नानक नन्हें ह्वे रहो जैसे नन्हीं दूब।
और रूख सूख जाएंगे दूब खूब की खूब ॥

❑❑❑